Maria Montessori

Kinder lernen schöpferisch

HERDER spektrum

Band 5041

Das Buch

Maria Montessori ist der Überzeugung, daß Kinder ganze und eigenständige Persönlichkeiten sind: Das hat natürlich Konsequenzen für die Erziehung und den Alltag mit kleinen Kindern. Sie denkt vom Kind aus, zeigt, wie Erwachsene – Eltern und ErzieherInnen – eine Umgebung schaffen können, in der das Kind konzentriert spielen und sich die Welt erschließen kann. Ingeborg Becker-Textor hat hier die wesentlichen Gedanken Maria Montessoris für den Alltag zusammengetragen und erläutert: Ein „Geheimnis" des Erfolges ist es, sich nicht einzumischen, wenn Kinder etwas ausprobieren und erforschen wollen, auf die eigenen Fähigkeiten und Kräfte des Kindes zu vertrauen. Das heißt natürlich nicht, die Kinder sich ganz und gar selbst zu überlassen. Was Erwachsene tun können und müssen, um Kinder zu selbständigen Persönlichkeiten heranwachsen zu lassen, das wird hier an vielen Beispielen deutlich. Ein spannendes Buch für Eltern, die ihre Kinder bewußt erleben wollen. Die Illustrationen stammen von Christiane Hansen.

Die Autorin

Maria Montessori, 1870–1952, italienische Pädagogin und Ärztin. Begründerin der als Montessori-Pädagogik bezeichneten Pädagogik der Selbsterziehung des Kindes in freigewählter Tätigkeit mit besonderen Arbeits- und Lernmitteln; Initiatorin des Montessori-Kinderhauses als Sonderform des Kindergartens.

Die Herausgeberin

Ingeborg Becker-Textor, geb. 1946, Kindergärtnerin mit Montessori-Diplom, Diplom-Sozialpädagogin und Diplom-Pädagogin. Leiterin des Referats „Sozialpädagogik in der Jugendhilfe" im Bayerischen Staatsministerium für Arbeit und Sozialordnung, Familie, Frauen und Gesundheit. Zahlreiche Publikationen zur Kindergartenpädagogik und für Eltern.

Maria Montessori

Kinder lernen schöpferisch

Die Grundgedanken für den Erziehungsalltag mit Kleinkindern

Herausgegeben und erläutert von Ingeborg Becker-Textor
Mit Illustrationen von Christiane Hansen

Herder

Freiburg · Basel · Wien

Gedruckt auf umweltfreundlichem,
chlorfrei gebleichtem Papier

Originalausgabe

8. Auflage

Herstellung: Freiburger Graphische Betriebe 2000
Umschlaggestaltung und Konzeption:
R·M·E München / Roland Eschlbeck, Liana Tuchel
Umschlagfoto: © Hartmut Schmidt
ISBN 3-451-05041-2

Für Lukas, Andrea und Herbert

Inhalt

Vorwort

Ein Manko unserer Zeit ist es, daß zwar Elternratgeber und andere Erziehungsbücher großen Zuspruch finden, jedoch die orginalen Texte – insbesondere älterer Autoren/Pädagogen – kaum noch Beachtung finden.

Mit diesem Buch soll deshalb der Versuch unternommen werden, anhand einer kleinen Auswahl von Originaltexten von Maria Montessori bzw. Mitschriften ihrer Vorträge Eltern und Erziehern/-innen Anregungen für den Erziehungsalltag zu geben.

Die Erziehungsgedanken Maria Montessoris sind in vieler Hinsicht ganz modern bzw. greifen die Fragen und Probleme unserer Zeit auf. So sagte Maria Montessori 1946 in London:

„... Es gibt viele Fehler im Benehmen der Kinder, welche die Leute korrigieren wollen. Dieses besondere moralische Benehmen nennt man bei all den kleinen Kindern ‚Unartigkeit'. Diese Unartigkeit ist aber nicht eine wirkliche sittliche Frage. Heutzutage nennen wir diese Kinder nicht ‚böse', sondern ‚schwierig'. Es handelt sich um ein modernes Problem. Dieses Problem der schwierigen Kinder ist fast unlösbar. Der gute Wille der Eltern und der Lehrer berührt die Unartigkeit dieser schwierigen Kinder nicht. So hat sich eine andere Gruppe von Leuten erhoben, um eine Antwort auf diese praktische Schwierigkeit in der modernen Gesellschaft zu geben: Da gibt es Psychologen. Diese Psychologen haben besondere Institute gegründet, die man Child Guidance Clinics (vergleichbar mit unseren Erziehungsberatungsstellen) nennt. Die neue Idee ist Führung, nicht Zwang. Das also ist die große Errungenschaft der modernen Gesellschaft: Schwierige Kinder werden in Hospitäler gebracht, statt daß man sie im Klassenzimmer ‚in die Ecke‘ stellt. Diese unverbesserlichen Unarten sind wie Krankheiten. Die Eltern und der Lehrer können nichts tun und auch der Arzt nicht, denn die schwierigen Kinder werden immer zahlreicher. In den alten Tagen war die Frage nicht so wichtig, weil die Kinder durch Strafen unterdrückt wurden; aber heutzutage ist es wie eine Überschwemmung. Es ist, als ob die Themse, dieser schöne Fluß, über die Ufer träte. Das würde ein Unglück sein. Die Zahl ungezogener, unverbesserlicher Kinder vermehrt sich in unserer heutigen Welt, und die Erwachsenen beginnen, hilflos zu werden. Jedermann versucht, den Grund für diese Schlechtigkeit in den Kindern zu finden. Wir dürfen aber nicht denken, daß 1946 die Kinder plötzlich schlimmer sind. Es handelt sich nicht um ein Ergebnis der Evolution. Die Kinder dürften ungefähr die gleichen sein, wie sie immer gewesen sind. Es handelt sich also nicht um den Fehler der Kinder. Es handelt sich nicht um eine Frage, die nur die Kinder betrifft. Die Lebensbedingungen für Kinder scheinen heutzutage besser zu sein denn je ...

Die Ursache muß im Mangel eines wesentlichen Elements des Lebens liegen. Wir müssen versuchen, dieses fehlende Element zu finden. Das ist die Forschung, die heute notwendig ist, um jedem helfen zu können. Dieses fehlende Element muß etwas Psychologisches sein, um das man entweder nicht weiß oder das man nicht beachtet ...

Es muß so sein, daß in der Behandlung von Kindern überall und in bezug auf jedes Alter etwas fehlt. Wir müssen ein neues Element in Betracht ziehen. Vielleicht hat sich das Verhältnis des Menschen in dieser komplizierten Welt geändert, vielleicht läßt er etwas Fundamentales außer acht, das Familienleben ist anders geworden, und die Kinder sind die ersten Opfer dieser Nichtbeachtung. Wir müssen Kinder einmal von diesem Gesichtspunkt aus betrachten ...

Der Fortschritt und das Wachstum des Individuums sind sehr wichtig. Fortschritt liegt in der Fürsorge für die Psyche des Individuums in seiner Beziehung zur Umgebung. Es handelt sich nicht darum, zuerst etwas für das Individuum zu tun und dann etwas für die Gesellschaft; denn die Wurzeln liegen in der Gesellschaft. Wir müssen das Individuum an seinem Platz in der Gesellschaft sehen, denn kein Individuum kann sich ohne den Einfluß der Gesellschaft entwickeln ...

Wenn ich sehe, wie die Zahl von unartigen und schwierigen Kindern sich heutzutage vermehrt, so erkenne ich, daß es sich nicht um eine Frage der Moral der Kinder handelt, um etwas Schlechtes im Inneren individueller Kinder. Es handelt sich um eine Frage, wie die Welt um die Kinder herum sie beeinflußt. Es handelt sich mehr um einen Mangel bei den Eltern als bei den Kindern, und man sollte mehr Aufmerksamkeit auf sie verwenden als auf die kleinen Kinder. Wenn wir bessere Bedingungen für die Kinder herstellen wollen, so müssen wir an die Eltern denken. Es handelt sich um drei Dinge: Zunächst darum, daß man diese Erwachsenen ändert, die so darum besorgt sind, kleinen Kindern eine moralische Erziehung zu geben. Die Erwachsenen selbst müssen sich den Notwendigkeiten der Zeit anpassen. Der zentrale Punkt für die kleinen Kinder ist ihr Bedürfnis, in einer bestimmten Hinsicht auf die Erwachsenen zuzugehen. Erwachsene sind unwissend und sehen die Kinder nur von einem Gesichtspunkt aus. Sie sehen nur die Unartigkeit der Kinder. Der Schluß daraus ist also, daß, wenn wir eine bessere Menschheit haben wollen, die Erwachsenen besser sein müssen. Sie müssen weniger stolz sein, weniger an sich selbst denken, weniger diktatorisch sein. Die Erwachsenen müssen auf sich selbst sehen und sagen: ‚Ja, ich verstehe dieses Problem'" (1., S. 92ff.).

Fast fünzig Jahre liegen zwischen diesen Aussagen Maria Montessoris und heute. Die vorgenannten Gedanken sind so aktuell wie nie zuvor. Montessori beschreibt, welche Ignoranz die Erwachsenen gegenüber den Bedürfnissen der Kinder zutage bringen. Wenn wir heute Rechenschaft abgeben müßten, was wir von diesen Gedanken realisiert haben, dann wäre nur „nichts" die ehrliche Antwort. Maria Montessori forderte auf, mehr Aufmerksamkeit den Eltern zu widmen. Dies könnte bedeuten, Hilfen zu geben, Eltern zu unterstützen und zu beraten bei der Erfüllung ihres Erziehungsauftrages. Eine Herausforderung für die Eltern- und Familienbildung, die Elternarbeit in Kindergärten und Schulen.

Maria Montessori ist mit ihren Ausführungen also ganz aktuell.

Der Titel des Buches konzentriert sich aber auf das Kind. Es wird behauptet, daß Kinder schöpferisch lernen. Da gilt es der Frage nachzugehen, wie das Umfeld der Kinder gestaltet sein muß, daß eine gesunde Entwicklung und damit auch schöpferisches Lernen möglich sein kann. Die Textauswahl mag hier Wege aufzeigen und Anregungen geben.

Vorher gilt es jedoch noch einige Begriffe zu klären.

Montessori spricht entweder von den Eltern oder dem Lehrer. Unter Lehrer versteht sie dabei alle professionellen Pädagogen, die Kindergärtnerin/Erzieherin ebenso wie den Lehrer in der Schule. Oft treffen ihre Aussagen aber auch einfach auf alle Erziehenden zu, daß die Eltern ebenso angesprochen sind wie die Vertreter pädagogischer Berufe. Ich persönlich habe in meinen Texten der Einfachheit halber die Form „Erzieherin" gewählt: Erzieher sind selbstverständlich eingeschlossen. Maria Montessori variiert in ihren Texten männliche und weibliche Formen.

Weiterhin spricht Maria Montessori vom Kinderhaus und von der Schule. Beide Begriffe dürfen nicht im Sinne der aktuellen Diskussion um Kinderhaus-Betreuung von Kindern im Alter zwischen 0 und 15 Jahren in einer Einrichtung und als Schule im aktuellen Sinn verstanden werden. Beide Begriffe meinen vielmehr institutionalisierte Erziehungsformen wie Kindergarten, Schule usw. Die hier ausgewählten Texte und die Ausführungen orientieren sich in erster Linie an der Altersgruppe der Kinder vor dem Eintritt in die Schule – also bis sechs oder sieben Jahre. Nicht alle Originaltexte sind in ihrer vollen Länge wiedergegeben, sondern in Auszügen. Sie richten den Blick auf die ergänzende Interpretation, Anregungen und Übertragungsmöglichkeiten in unseren aktuellen Erziehungsalltag. Auf eine Auswahl der erhältlichen Montessori-Literatur wird am Ende des Buches verwiesen.

1. Maria Montessori – ihre Grundprinzipien

Maria Montessori wurde am 31. August 1870 in Chiaravalle bei Ancona geboren, zog jedoch bald mit ihrer Familie nach Rom. Als erste Frau Italiens absolvierte sie in Rom ein Medizinstudium und promovierte 1896 zum Doktor med.

„Ich war eine der ersten Frauen in Italien, die als junges Mädchen mit 14 Jahren auf eine Sekundarschule für Jungen gingen, weil zu dieser Zeit in meinem Heimatland für Mädchen nur die Laufbahn zum Erzieherberuf offen stand. Und zu diesem fühlte ich mich nicht im geringsten hingezogen. Ich schlug einen ungewissen und noch nicht begangenen Weg ein, als ich anfing, Mathematik zu studieren, mit der ursprünglichen Absicht, Ingenieur zu werden. Danach dachte ich an Biologie und entschied mich zuletzt für die Medizin ... Es war genau auf dem Gebiet der Medizin, daß ich zum ersten Mal an der Pädagogik Interesse fand. Dies geschah, als ich mit der pädagogischen Behandlung von Kindern zu tun hatte, die an bestimmten Krankheiten litten ... Und schließlich stieß ich auf die bekannten Erziehungsmethoden, die Itard und Seguin für taubstumme und geistig behinderte Kinder entwickelt hatten ... Meine Erziehungsmethode jedoch, die sich auf normale Kinder bezieht, ist alles andere als einfach die reine Übertragung der Methoden, die ich bei geistig behinderten Kindern anwandte, auf körperlich und geistig gesunde, wie es immer und immer wieder von denjenigen behauptet wird, die nur oberflächlich urteilen und nicht ihre wahre Entstehung kennen ... Meine erste Erfahrung mit Kindern zwischen 3 und 6 Jahren machte ich in dem römischen Stadtviertel San Lorenzo. Diese Gegend hätte man den menschlichen Müllhaufen der Stadt nennen können ... Innerhalb eines Versuches, sowohl die Wohnmöglichkeiten als auch den Charakter der Gegend zu verbessern, hatte man die ordentlichen Familien aus der Arbeiterklasse gesammelt und große Mietshäuser für sie aufgebaut. Wenn die Eltern zur Arbeit gingen, blieben die kleinen, noch nicht schulpflichtigen Kinder in den Treppenhäusern und Höfen ... Mit ihnen also sammelte ich meine ersten Erfahrungen auf dem Gebiet der Erziehung normaler Kinder. Schon nach einem Jahr zeigten sich erstaunliche Resultate. Diese Kinder waren frei und ungezwungen geworden, sie hatten ihre Schüchternheit verloren, sie waren freundlich und grüßten von sich aus die Leute ... Sie arbeiteten still, und ein jedes ging ohne Streitereien seiner eigenen Beschäftigung nach. Sie zeichneten und malten mit Wasserfarben, dabei wählten sie feine und harmonische Farbtöne ... Die Sicherheit, mit der sie ihren Tätigkeiten nachgingen, enthüllte eine individuelle Willenskraft, die so sehr im Fällen eigener Entscheidungen geübt war, daß man diese Kinder als wirklich unabhängig anerkennen mußte ... So waren diese Kinder Herr über ihr eigenes Tun geworden, und sie empfanden Befriedigung im Bewußtsein ihrer eigenen Kraft. Sie waren glücklich, daß sie ihre Fähigkeit zeigen konnten ... Blitzartig breitete sich die Nachricht von diesem Experiment weit aus und zog die Neugier und das Interesse der Öffentlichkeit auf eine ungewöhnliche Weise an. Und dann setzte jene wunderbare Pilgerfahrt ein, die unseren Kinderhäusern Besucher aus allen Ländern und aus allen sozialen Schichten brachte; diese Menschen trugen die Kunde von unserer Methode in alle Teile der Welt. Ganz einzigartig war das Phänomen, daß jeder Besucher in diesen Kindern gleichsam die Verkörperung seiner eigenen Ideale und die Lösung seiner Probleme fand. Ein Politiker sagte: ‚Hier sehen wir Disziplin, die sich auf Freiheit gründet ...' Mit aller Gewalt, die weder gebremst noch gesteuert werden konnte, breitete sich die Methode in vielen Ländern aus. Doch der größte Teil derjenigen, die sich ihrer bemächtigten, sprach *über* sie, ohne sie wirklich zu kennen; einige, um sie in den Himmel zu erheben, andere um sie zu bekämpfen. Nur sehr wenige haben sie wirklich studiert" (2., S. 7ff.). Nach einem reichen Leben starb Maria Montessori am 6. Mai 1952 in Noordwijk aan Zee.

Leider ist es auch heute noch so, daß sehr viel über die Montessori-Methode geredet wird, Teilaspekte zu einer Absolutheit gemacht werden und dabei die eigentlichen Prinzipien mißachtet oder völlig außer acht gelassen werden. Gerade die Erfolge Maria Montessoris in der Arbeit mit sogenannten schwierigen Kindern mögen vielleicht auch heute noch die Ursache dafür sein, daß viele Eltern und Erzieher glauben, daß sie die Probleme „schwieriger" Kinder in einer Montessori-Einrichtung lösen können. Ich kenne Kindergärten, die über alles Montessori-Material verfügen, dieses jedoch nicht richtig einzusetzen wissen bzw. denen es nicht gelingt, das Umfeld, die Umgebung vorzubereiten, und in denen die Erzieherinnen nicht bereit sind, sich zu „neuen Lehrern" fortzubilden. So sagt die Bezeichnung Montessori-Kindergarten noch lange nicht aus, ob die Methode und Prinzipien auch wirklich Eingang finden in den Erziehungsalltag, ob nach dem Montessori-Prinzip gelebt wird.

Zentraler Punkt aller Überlegungen Maria Montessoris und somit ihres ganzen Erziehungskonzeptes ist ihre Grundhaltung dem Kind gegenüber. Sie glaubt an die verborgenen schöpferischen Kräfte im Menschen und erachtet ihre Aufgabe darin, diese zu wecken, zu aktivieren und zu motivieren, um den Menschen dadurch zu harmonisieren und zu normalisieren. Nur darin sieht Maria Montessori eine Möglichkeit zur Lösung der Menschheitsprobleme. Sie vergleicht ihre Arbeit im erzieherischen Bereich mit der Arbeit des Arztes, ihre Erziehungsmethoden mit der Hygiene. Deshalb stellt sie die Normalität des Menschen gleich mit seiner absoluten Gesundheit, sowohl im physischen wie auch im psychischen Bereich.

Wichtige Kernpunkte in der Montessori-Pädagogik sind:

- Die Schulung der Wahrnehmungsfunktionen
  Montessori wählt bestimmtes Arbeitsmaterial aus im Hinblick auf die Fähigkeit des Kindes, die Welt erst sinnlich,

später auch begrifflich zu erfassen. Das Kind soll dabei seine Beobachtungsgabe, sein Zuordnungs- und Unterscheidungsvermögen üben und so vom konkreten Schauen zum abstrakten Denken gelangen.

- Programmierte Vorbereitung durch die Erzieherin, Übung, Präzision und Vervollkommnung durch die Aktivität des Kindes
  Durch die programmierte Vorbereitung durch die Erzieherin übt das Kind den Umgang mit dem Material und erreicht damit durch zunehmende Präzision die Vervollkommnung seines sinnlichen Erfahrungsraumes. Montessori sieht diesen Prozeß als Voraussetzung zur Entwicklung zwischenmenschlicher, persönlicher Fähigkeiten an.

- Selbstwertungsprozeß und Individualität
  Durch die Bereitstellung ihres Materials bringt Montessori das Kind zur Selbsterfahrung und gleichzeitig zur Selbsterziehung und Selbstdisziplin. Sie geht davon aus, daß das „normalisierte Kind" ausreichend Eigenmotivation besitzt. Das Material in Verbindung mit dem Arbeitstempo ist der Individualität und dem Entwicklungsstand des Kindes angemessen.

- Bewegung, Aktivität und Arbeit
  Die aktive Erziehung hält Maria Montessori für sehr wichtig. Sie versteht unter diesem Begriff Übungen im sensorischen Bereich, Übungen des praktischen Lebens, in denen man „tun durch Tun lernt". Das Kind lernt Arbeitshaltungen und Ordnungen kennen und hat einen Ausgleich zur geistigen Arbeit.

- Freiheit und Spontaneität
  Das normalisierte Kind entscheidet sich spontan für ein bestimmtes Arbeitsmaterial und drückt seine spontane Individualität innerhalb einer „expansiven Erziehung" dadurch aus, daß es sich in interessante, selbstgewählte Aufgaben vertieft.

- Die vorbereitete Umgebung
  Maria Montessori versteht darunter eine den Bedürfnissen der Kinder angepaßte Umgebung mit geregelten Anreizen in abgestuftem Material.

- Sensitive Perioden
  Im Alter von 0 bis 6 Jahren zeigt das Kind eine außergewöhnliche Sensibilität für bestimmte Lernprozesse. Diese Abschnitte bezeichnet Montessori als die sogenannten sensitiven Perioden, die Gesamtentwicklung von 0 bis 6 Jahren als formative Periode. In dieser Zeit werden Umweltreize aufgenommen, absorbiert und miteinander in Beziehung gesetzt.

- Rhythmus, Gleichgewicht, Ordnung
  Montessori bezeichnet den Menschen als rhythmisches Geschöpf, das zu seiner optimalen Entfaltung Freiheit innerhalb bestimmter Grenzen braucht. Nur so gelangt der Mensch zur Selbstbeherrschung und ist in der Lage, soziale Beziehungen aufzubauen.

- Entdeckungen und Entwicklungen
  Durch Beobachtung des normalisierten Kindes und Erforschen seiner normalen, natürlichen Entwicklung glaubt Montessori, die „Pädagogik vom Kinde aus" aufzeigen zu können. Das Ziel ihrer Pädagogik ist deshalb eine neue Menschheit, die ihr Leben meistern kann.

- Das Kind als Baumeister des Menschen
  Montessori ist überzeugt, daß das Kind einen Bauplan der Seele in sich hat und sich im Grunde selbst zum Menschen emporarbeitet, so daß die Umwelt ihm eigentlich nur Material zu liefern und seine Entwicklungsbedürfnisse zu erspüren und zu beachten hat.

- Der neue Lehrer
  Montessori versteht unter dem Lehrer bzw. der Lehrerin vorrangig den Beobachter, der den Lernprozeß des Kindes verfolgt und, wenn nötig, in Kommunikation mit dem Kind

tritt. Er muß auf das Kind hören, wenn es sagt: „Hilf mir, es selbst zu tun."

- Wissen, Lieben, Dienen
  Diese Grundsätze bestätigen sich im praktizierten pädagogischen Konzept Montessoris. Sie sind notwendig, um dem Kind in vorbereiteter Umgebung zur Normalisation zu verhelfen.

Bei den weiteren Ausführungen zu den Texten Maria Montessoris werden wir immer wieder auf diese Grundprinzipien bzw. Kernpunkte stoßen. Sie bilden das Gerüst für ihre Pädagogik.

Riechbüchsen

Je ein Büchsenpaar ist mit dem gleichen Geruch „gefüllt". Durch Geruchsvergleich versucht das Kind, die zusammengehörenden Paare zu finden.
Glaubt es am Ziel zu sein, kann es durch Zeichen auf dem Boden der Büchse eigenständig sehen, ob das Ergebnis richtig war.

Wenn über Maria Montessori gesprochen wird, so stehen meist nicht ihre Methoden, sondern vielmehr das sogenannte Montessori-Material – und hier wiederum das Sinnesmaterial – im Mittelpunkt.

„Das Sinnesmaterial besteht aus einem System von Gegenständen, die nach bestimmten physikalischen Eigenschaften der Körper, wie Farbe, Form, Maße, Klang, Zustand von Rauheit, Gewicht, Temperatur usw., geordnet sind. Zum Beispiel: Eine Reihe von Glocken, welche die musikalischen Töne wiedergeben; eine Gruppe von Täfelchen in verschiedenen Farbschattierungen; eine Serie von Körpern in gleicher Form und abgestuften Abmessungen, andere dagegen, die sich untereinander durch ihre geometrische Form unterscheiden; Dinge verschiedenen Gewichts und gleicher Größe usw. ... Es wird nur ein Material ausgewählt, das sich erfahrungsgemäß für die Erziehung eignet, das kleine Kind auch tatsächlich interessiert und es bei einer spontanen und wiederholt ausgesuchten Übung beschäftigt. Jede Gruppe von Gegenständen enthält also, da sie abgestuft ist, an ihren äußeren Enden das Maximum und das Minium einer Serie, die ihre Grenzen festlegen. Diese werden im eigentlichen Sinn durch den Gebrauch, den das Kind davon macht, bestimmt. Die beiden Extreme zeigen, werden sie miteinander verglichen, den größten Unterschied in der Serie und fixieren deshalb den am stärksten ausgeprägten Kontrast, der sich mit Hilfe des Materials ermöglichen läßt. Da der Kontrast beträchtlich ist, macht er die Unterschiede deutlich, und das Kind wird in die Lage versetzt, sich dafür zu interessieren, noch bevor es sich damit beschäftigt" (3., S. 114).

Wenn das Kind etwas ertasten soll/will, dann schließt es von sich aus die Augen. Hat es die Lösung gefunden, kann es selbst kontrollieren, ob es richtig ertastet hat.

„Das Kind, welches von Natur aus begeistert seine Umgebung erforscht, weil es bisher weder Zeit noch die Möglichkeit gefunden hat, sie genau kennenzulernen, ‚schließt die Augen' gern oder verbindet sie sich, um das Licht auszuschalten, wenn es die Formen mit seinen Händen abfühlt; es ist auch

Glocken

Die Glocken sind auswechselbar. So kann das Kind selbst Tonleitern zusammenstellen bzw. Tonfolgen gestalten.

gern bereit, sich im Dunkeln aufzuhalten, um zu versuchen, das kleinste Geräusch wahrzunehmen" (3., S. 115ff.).

Es ist wichtig, eine einzige bestimmte Eigenschaft in dem Material zu isolieren, um das Kind bei der Erfahrung von Eindrücken nicht zu verwirren und um seine Eindrücke besser steuern zu können. Das Montessori-Material erlaubt Erfahrungen am Gegenstand durch eigenes Tun und trägt so zur Verselbständigung des Kindes bei.

Das Beispiel der Übung zur Entwicklung des Gewichtssinnes (des Barischen Sinnes) mag dies verdeutlichen. Als Material dienen die Gewichtstäfelchen. Sie bestehen aus zwei Sätzen von je 10 Holztäfelchen. Sie unterscheiden sich in Holzsorte und Gewicht (nicht in Größe oder Dicke). Die Täfelchen werden gemischt und sollen mit verbundenen Augen durch Abwiegen auf den Fingerspitzen nach Gewicht sortiert werden. Fehlerkontrolle kann das Kind selbst durchführen, indem es feststellt, ob die jeweils gleichschwer empfundenen Täfelchen von gleicher Holzart sind.

Vergleichen wir Montessori-Material mit anderen didaktischen Materialien, so stellen wir fest, daß heute die kindliche Aktivität auf ein vom Erwachsenen bestimmtes Ziel gerichtet wird. Ist dieses Ziel erreicht, so ist damit auch die Arbeitsmöglichkeit für das Kind beendet. Beim Montessori-Material dagegen bleibt die Aktivität erhalten, da es keine begrenzte Zielsetzung gibt. Das Kind kann bei einer Arbeit verweilen und variieren. Das Material wird in offenen Schränken angeboten, ist ansprechend in Form und Farbe, ist eindeutig und hat eine begrenzte Überschaubarkeit. Bevor die Kinder in der Lage sind, selbständig mit dem Material zu arbeiten, geht eine Einführung seitens der Erzieherin voraus. Dazu entwickelte Montessori ihre Dreistufenlektion:

1. Das Wahrnehmen:
   Das Kind soll mit den Sinnen das Material wahrnehmen und die Sinneseindrücke beschreiben. Die Erzieherin macht zu dem jeweiligen Gegenstand nur eine relativ kurze Aussage.

2. Verbindung von Gegenstand und Namen:
   Das Kind erkennt das Material wieder, es hat das Wahrgenommene also wirklich erfaßt.

3. Sicherer Gebrauch des Materials:
   Auf die Frage der Erzieherin hin kann das Kind das Material beschreiben und selbständig damit arbeiten.

Anhand eines Beispiels möchte ich die Dreistufenlektion noch näher erläutern.

Übung des Barischen Sinnes –
Entwicklung des Gewichtssinnes

Mit geschlossenen Augen – nach innen konzentriert – erspürt das Kind Gewichtsunterschiede und kann die Gewichte zuordnen.

Einführung in das Dezimalsystem – Darbietung mit Perlen

Material:
Ein Tablett mit einer Einerperle, 1 Zehnerstäbchen aus 10 Perlen, 1 Quadrat aus 10 Zehnerstäbchen, 1 Kubus aus 10 Quadraten.

Drei andere Tabletts:
1 mit Kuben, 1 mit Quadraten, 1 mit Zehnerstäbchen und mit einer kleinen Zahl Einerperlen. Von jeder Art eine unbestimmte Zahl. 1 leeres Tablett.

Wie wird die Übung durchgeführt:

Erste Stufe: Man fordert das Kind auf, die Perlen der Zehnerstange zu zählen. Wenn es das getan hat, führt man den Namen ein: „Dies ist eine Zehn“ oder „ein Zehner“. Man fordert das Kind auf, die Stangen in dem Quadrat zu zählen. Wenn es gesehen hat, daß zehn darin sind, sagt man: „Dies ist Hundert“

Einführung in das Dezimalsystem –
Darbietung mit Perlen

Einer, Zehner, Hunderter, Tausender gewinnen mit Hilfe des Perlensystems Vorstellungskraft beim Kind.

oder „ein Hunderter". Man läßt nun das Kind die Hundertquadrate in dem Kubus zählen. Hat es das getan, so führt man den Namen ein: „Dies ist Tausend" oder „ein Tausender". Man wiederholt die Namengebung ein paarmal, bevor man zur zweiten Stufe übergeht.

Zweite Stufe: „Gib mir den Zehner, gib mir den Hunderter, gib mir den Tausender." Man mischt die Perlen immer, bevor man sie sich geben läßt. Beim Aufheben der verschiedenen Einheiten spürt das Kind am Gewichtsunterschied die Mächtigkeit der einzelnen Kategorien.

Dritte Stufe: Man hält einen Zehner, einen Hunderter oder einen Tausender in die Höhe und fordert das Kind auf, den richtigen Namen zu sagen.

Noch viele weitere Übungen bieten sich an: Man bittet das Kind, drei Zehner oder acht Tausender oder sechs Hunderter oder sieben Einer zu holen. Bei dieser Übung soll das Kind jedesmal nur eine Anzahl Perlen der gleichen Kategorie holen, so daß es ganz vertraut wird mit dem Namen für die zugehörigen Gegenstände. Wenn das Kind die Gegenstände bringt, zählt man nach. Bevor man zu einer anderen Zahl der Kategorie übergeht, soll das Kind die Perleneinheiten auf die entsprechenden Tabletts zurückbringen. Das Kind wird so vertraut mit dem Namen und den Beziehungen zwischen den Kategorien, den Größenverhältnissen zwischen Zehnern und Hundertern usw.

Anhand dieses Beispiels mag die Großartigkeit des Werkes Montessoris und der von ihr eingesetzten Materialien deutlich werden. Die Arbeit mit von ihr ausgewählten Montessori-Materialien führt das Kind auf den Weg zum selbständigen Lernen und zum Aufbau eines selbstverantwortlichen Menschseins.

2. Montessori-Pädagogik heute

Die Montessori-Pädagogik hat heute an Aktualität gewonnen. Immer mehr Eltern, aber auch Erzieherinnen/Lehrerinnen sehen darin die schon genannte Chance zur Überwindung von Erziehungsproblemen, aber auch zur kognitiven Förderung der Kinder. Mit der Ausbreitung des Integrationsgedankens hat die Montessori-Pädagogik auch Eingang gefunden in viele Integrationskindergärten und Integrationsklassen an Schulen, mit der Absicht, daß durch ihr Material – das ja seinen Ursprung in der Arbeit mit behinderten Kindern hat – auch sinnvoll in der Arbeit mit verhaltensauffälligen, behinderten und „normalen" Kindern eingesetzt werden kann. Integrationsgruppen in unserem heutigen Sinn, gemeinsame Förderung behinderter und nichtbehinderter Kinder innerhalb eines fundierten Konzeptes, hat Montessori niemals eingerichtet oder propagiert. Man kommt allerdings häufig zu der Auffassung, daß ein Montessori-Kindergarten grundsätzlich ein Integrationskindergarten sein müßte.

Noch immer meinen viele Pädagogen, daß, wenn sie Montessori-Material einsetzen, sie bereits nach den Prinzipien der Montessori-Pädagogik arbeiten würden. Dies ist ein Irrtum. Gerade in der aktuellen Diskussion um „Kinderhäuser" sind viele Verantwortliche versucht, diese Arbeit in altersübergreifenden Gruppen in der Nähe der Montessori-Pädagogik zu sehen. Es ist richtig, daß Montessori nicht nach Altersjahrgängen unterschied, sondern in der Regel drei Altersjahrgänge in einer Lerngemeinschaft zusammenfaßte. Dies entspricht dem heute mehrheitlich in unseren Kindergärten praktizierten Konzept der altersgemischten Gruppe mit 3- bis 6jährigen Kindern. Die jüngeren Kinder sollen hierbei von den älteren angeregt und diese wiederum zur Hilfe für die jüngeren Spielkameraden aufgefordert werden.

Viele ehrgeizige Eltern konzentrieren ihr Denken bei der Montessori-Pädagogik insbesondere auf das frühe Lernen: das Lesen, die Entwicklung des elementaren mathematischen Grundverständnisses, den Umgang mit dem Zahlenmaterial usw. Die Montessori-Lehrerin lehrt dieses aber die Kinder nicht, sondern die Kinder tun es selbst aus sich heraus, nur das Material hilft ihnen dabei. Es wäre also falsch, wollte man mit Hilfe der Montessori-Pädagogik frühes schulisches Lernen im Kindergarten einführen und das Erlernen der Kulturtechniken grundsätzlich bereits in das Vorschulalter vorverlegen.

„Kinder lernen schöpferisch" – das sagt aus, daß das Kind aus seinem Inneren „schöpft", sein innerer Bauplan, seine sensiblen Perioden, die vorbereitete Umgebung, das Material eröffnen ihm neue Möglichkeiten, aktiv tätig zu werden, eigene Wege zu finden und Entdeckungen zu machen, in Freiräumen, die ihm die Eltern/Lehrer ganz selbstverständlich einräumen.

In der Montessori-Pädagogik hat das Kind ein Recht auf Spontaneität und freie Entfaltung. Das Kind lernt in dieser Freiheit – zum Erstaunen vieler Erwachsener. Es läßt sich nicht stören und nicht ablenken und braucht am allerwenigsten die Gängelung und Hilfestellung durch den Erwachsenen. Die einzige Forderung, die es stellt, heißt: „Hilf mir, es selbst zu tun." Und es meint damit: „Zeig mir, wie es geht. Tu es nicht für mich. Ich kann und will es selbst tun. Hab aber auch Geduld, meine Wege zu begreifen. Sie sind vielleicht länger, vielleicht brauche ich mehr Zeit, weil ich mehrere Versuche machen will. Bitte beobachte mich nur und greife nicht ein. Ich werde üben. Ich werde meine Fehler, die ich mache, erkennen. Das Material zeigt sie mir selbst."

Vielleicht fasziniert uns heute auch die Selbstverständlichkeit, mit der Kinder in einem Montessori-Kindergarten ihren Alltag gestalten, sich bewegen – nicht künstlich angeleitet oder befohlen durch die Gruppenleiterin.

Nachfolgender Bericht über einen Tagesablauf wird uns dem Leben mit der Montessori-Pädagogik näherbringen:

„Das Kinderhaus braucht nicht unbedingt ein moderner Bau zu sein, mancher zu gläserne Bau ist keine Häuslichkeit für Kinder. Das eine Kinderhaus ist dem anderen nicht gleich, jedes hat seinen Ort und ist zu seiner Stunde geschaffen. Das eine, ein einfaches älteres Haus, wurde der Natur nahe gebaut, das andere wird in städtischer Umgebung neu errichtet, Feld und Wald sind fern, Gartenland und Fenster müssen für die Nähe zum Wachsenden und zum Wetter, zu Luft und Licht sorgen, so gut es möglich ist.

Schauen wir das Ganze eines konkreten Aachener Kinderhauses um 1930 an. Der hellgrau gestrichene einstöckige Bau streckte sich lang hin, in der Mitte die blaugestrichene Tür, durch die man in den kleinen Flur eintritt, der zwischen Kinderhaus und Schulklasse liegt. Beide gehören zusammen und sind in einem Haus vereint. Die Verbindung von Kinderhaus und Schule zu einem einheitlichen Lebensbereich des Kindes konnte ohne Bruchstelle verwirklicht werden*. Die nicht zu großen, dicht beieinander sitzenden Fenster der Front und der Rückwand haben außen blau- und innen rotgestrichene Rahmen. Das ergibt, wenn sie im Sommer geöffnet sind, ein fröhliches Bild. Das Haus steht im Garten, an diesen schließt sich ein Spielplatz an. Im Vorgarten blühen im Sommer Sonnenblumen, welche hoch zu den Fenstern heraufreichen, die niedrig eingesetzt sind. Die Kinder können sie selbst öffnen. Gegenüber liegt das Gebäude eines Gärtners mit vielen Obstbäumen. Die Baracke ist hinter den Häusern einer Straße in einem Gelände aufgestellt, das einem Bereich von Schrebergärten benachbart ist. So kommt der Straßenlärm nahe an das Haus heran, und die Natür ist nicht fern. Im Winter hängen vor den Fenstern Brettchen und Kokosnußschalen mit Futter für die Vögel. Die Samen der Sonnenblumen werden dafür gesammelt. Auf den Beeten vor dem Haus blüht es im Som-

* Leider ist sie in unserem Land, wo Kindergarten und Schule von verschiedenen Ministerien verwaltet werden, selten möglich.

mer bunt, die Kinder pflücken und schneiden dort Blumen für ihre Räume oder Sträuße für besondere Anlässe. Die Leiterin kann Kinder, die sich im Garten beschäftigen, die Wege reinigen, welke Blätter oder Raupen entfernen, durch das Fenster sehen.

Wir gehen durch das Türchen im Holzzaun des Gartens durch diesen hindurch die zwei Stufen zur Haustür hinauf und durch sie in den Vorraum, wo an einer blanken Stange die farbigen Bügel für die Mäntel der Kinder hängen. Über der Stange ist ein Brett für Mützen und Hüte, auf dem Boden stehen Fächer für die Schuhe. An den Vorraum schließen sich Toiletten und Waschvorrichtungen an, die für die einzelnen von den Räumen der Kinder einfach zu erreichen sind.

Wir treten links in den Raum der Drei- bis Sechsjährigen ein. Es ist vor 9 Uhr. Noch sind nicht alle Kinder da. Ab 8 Uhr kommen sie einzeln an und beginnen zu „arbeiten", nachdem die Helferin sie im Vorraum empfangen und geholfen hat, daß sie ablegen und die Schuhe wechseln. Sie treten ein, begrüßen die Leiterin und gehen an eine selbstgewählte Arbeit. Der Beginn ist kein gemeinschaftlicher. Die Art des Arbeitsbeginns entspricht der Tätigkeitslust der Kinder am Morgen, die am besten durch unmittelbar begonnenes Einzeltun oder durch freie Arbeit zu zweien oder dreien befriedigt wird. Später beim Frühstück bildet sich die Gemeinschaft. Zunächst aber holt sich jedes Kind das von ihm gewünschte Material und läßt sich an einem selbstgewählten Platz nieder. Der Raum ist von den vielen Fenstern überall hell. Im Kinderhaus haben wir die meisten Tische im Oval angeordnet. Jeder steht etwas im Abstand vom anderen. In einer Ecke des Raumes steht noch ein größerer runder Tisch mit mehreren Stühlen, nahe an den Fenstern stehen gesondert ein paar einzelne Tische mit je einem Stuhl.

Ein Kind, das kommt, wird sich erst nach einigem Zaudern schlüssig, was es beginnen will, es tut dies und jenes, bis es seine Hauptarbeit findet; ein anderes Kind steuert zielbewußt auf eine Tätigkeit zu. Vielleicht hat es die „Arbeit" vom Vortage her schon im Sinn. Manches Kind setzt eine Arbeit, z.B.

eine Zeichnung, fort, die es am Tage vorher begonnen und in seiner Schublade aufgehoben hat. Auf einem Regal an der Querwand gegenüber der Tür und auf einzelnen Tischchen steht jedes Ding klar für sich da. Die Kinder finden leicht zu dem hin, was sie brauchen, oder sie fühlen sich zu etwas Neuem angeregt. Jedes Material ist, mit einzelnen Ausnahmen, nur einmal da, das bringt seine Bedeutung zum Bewußtsein, und es erhöht seine Anziehungskraft; es führt auch dazu, daß die Arbeit der Kinder mannigfaltig bleibt, diese vor Einseitigkeit bewahrt werden, ohne daß die Leiterin eingreift. Ist ein Material schon vergeben, so muß das andere Kind warten, bis es frei wird.

Um 9 Uhr sind alle Kinder da. Man hat mit den Müttern verabredet, daß diese Ordnung gewahrt bleibt. Man sieht also, besonders im ersten Teil des Vormittags, die meisten Kinder bei verschiedener Einzelarbeit. Das eine Kind arbeitet mit den Einsatzzylindern, ein anderes zeichnet mit Hilfe der geometrischen Figuren, ein anderes hat die Farbtäfelchen vor sich, zwei größere Kinder machen mit den Schattierungen des dritten Kastens der Farbtäfelchen ein beliebtes Spiel, wie es die Kinder in einem Kinderhaus selbst erdacht haben. Ein Kind hat aus der Ecke, wo zusammengerollt und mit je einem Band gebunden, kleine Teppiche stehen, einen herbeigeholt, ihn auf den Boden gebreitet und die blau-roten Stangen geholt, die es nun auf dem Teppich auslegt, dazu legt es die Zahlen von eins bis zehn. An einem Fenster sitzt ein Mädchen und malt mit Wasserfarben, an einem anderen eins mit einem Webrahmen, es hat einen Kasten mit bunten Wollresten neben sich und wählt daraus die Fäden, die es mit einer langen Nadel durch aufgespannte Längsfäden zieht. Die Kinder weben gern. Es sind mehrere Webrahmen da in der soliden, gut auf dem Tisch aufliegenden Form, wie wir sie beim Schreiner bestellt haben, und besonders in der Zeit vor Weihnachten wird gern ein Webstück hergestellt, aus dem die Leiterin Taschen und andere Dinge für die Mütter machen hilft. Auf einen Tisch hat ein Kind ein Wachstuch gebreitet. Es holt die Vasen mit Blumen von den anderen Tischen herbei, einen Eimer, einen Krug mit

Wasser, und es gießt das Wasser aus den Vasen in den Eimer und frisches aus dem Krug in die Vasen, die es wieder mit den Blumen füllt, nachdem es die welken Teile fortgetan hat. Die Vasen mit den neugeordneten Blumen stellt es an ihren Platz zurück, das übrige Wasser gießt es im Nebenraum in den Ausguß aus, es holt ein Tuch und wischt das Wachstuch trocken, und es nimmt, wenn nötig, das verschüttete Wasser am Boden mit dem Aufnehmer auf. So ist es lange und hingegeben beschäftigt. Wenn es kein Wasser verschüttet hat, ist die Arbeit gut getan. Neben der Tür zum Nebenraum steht ein kleiner Waschtisch, nicht mit fließendem Wasser, sondern mit Schüssel, Kanne und Eimer, mit Seifenschale, Nagelreiniger und Handbürste. Ein Kind ist hier in eine beliebte Beschäftigung vertieft, es wäscht sich die Hände, weniger weil es das nötig hat, als weil es seine Lust daran hat, vorsichtig aus der Kanne Wasser in das Becken zu gießen und nach dem Gebrauch in den Eimer und alle die einzelnen Tätigkeiten vorzunehmen, die sich beim Händewaschen ergeben. Bei einer gemeinschaftlichen „Lektion" hat die Leiterin den Kindern gezeigt, wie man die Hände wäscht, indem sie es ihnen langsam vorgemacht hat. – Ein größeres Kind ist in den Garten gegangen und hat Blumen geschnitten. Nun geht es zu einem Regal, in dessen einem Fach eine Anzahl verschiedener Vasen stehen. Es wählt mit Hilfe der Leiterin eine für seine Blumen und ordnet sie am Tisch. Auf einem Tisch am Fenster steht ein Aquarium. Die Kinder bleiben bei ihren Gängen gern eine Weile davor stehen und beobachten die Fische oder die Kaulquappen, die sich so auffallend verwandeln.

Auf der Wand des Raumes, der Tür gegenüber, hängt ein farbiges Marienbild, die heilige Mutter mit dem göttlichen Kind, eine Wandvase an der einen Seite, an der anderen ein Leuchter mit einer Kerze. Ein paar Kinder kommen, eins zündet die Kerze an, ein anderes beginnt ein Lied zu singen, ein Grüppchen stimmt ein, dann bläst eines die Kerze wieder aus. Dieser Platz an dem Bild ist auch geeignet für Kinder, die zu Hause nicht gebetet haben, um hier ihr Morgengebet zu sprechen. Sie tun es unbefangen und selbstverständlich, nachdem die Leiterin den Vorschlag bei einem gemeinsamen Gespräch gemacht und gelegentlich dazu angeleitet hat.

Auch an den runden Tischen sitzen Kinder, sie haben Bilderbücher vor sich. Zwei vergnügen sich mit dem beliebten Buch „Der dicke fette Pfannkuchen", und ein drittes hat ein Tierbilderbuch, eines von den bekannten „Blauen Büchern". Es stehen nur wenige Bilderbücher auf dem Brettchen an der Wand, aber sie werden von Zeit zu Zeit ausgewechselt.

Gegen 10 Uhr, die Zeit ist nicht genau festgesetzt, damit die Arbeit nicht schroff abgebrochen wird, steht ein Kind auf und beginnt im Nebenraum den langen Tisch zu decken; die Kinder holen nach und nach ihre Butterbrote aus den Taschen und setzen sich eins nach dem anderen zum Frühstück hin*. Ein paar Kinder schenken Milch ein. Es ergibt sich ein fröhliches Plaudern. Nach dem Frühstück spülen die Kinder an dem niedrigen Spültisch, und sie tragen das Geschirr wieder in einen Schrank. Sie falten sorgsam die bunten Decken und behandeln das zerbrechliche Porzellan mit Bedacht. Die Kinder setzen dann in dem großen Raum ihre Tätigkeit fort, wenn die Arbeitsintensität es so ergibt; oder es finden gemeinschaftliche Übungen statt, es wird erzählt oder gesungen, ein Gespräch entsteht am Ende der Woche darüber, ob alles im Kinderhaus schön war oder zukünftig etwas zu ändern ist. Die Leiterin hat Gelegenheit, auf dies und jenes aufmerksam zu machen, auch auf den Sonntag oder ein Fest. Am Nachmittag sind nicht viele Kinder da. Es ist gut, wenn die Eltern die meisten zu Hause halten können, da das Kinderhaus kein Ersatz für das Elternhaus und seine Werte und Bildungsmöglichkeiten ist, sondern eine Ergänzung der häuslichen Umgebung. Mit den Kindern, die kommen, ist die Leiterin bei gutem Wetter nachmittags viel draußen, sie macht Gartenarbeit mit ihnen; es wird im Sandkasten gebaut, man nimmt die Bälle mit her-

* Die Weise zu frühstücken ist in den Montessori-Kinderhäusern verschieden. Ist der Raum eng, so holt jedes Kind, was es zum Frühstüch braucht, an seinen kleinen Tisch, wann es will. Ist ein runder Tisch da, so ergibt sich dort eine Tischgemeinschaft, und die teilnehmenden Kinder wechseln.

aus, die in einem Netz neben der Tür hängen, oder es werden Spaziergänge im nahen Stadtgarten gemacht.

Solches nicht täglich gleiche, sondern durch Ereignisse gewandelte und bereicherte Kinderleben ging in unserer „Baracke" vor sich. Diese war kein neues Gebäude, sie war von anderswo hierhergesetzt worden, frisch gestrichen und umgeändert. Man kann sich ein passenderes Haus für die Kinder denken. Kinder brauchen jedoch keine am Geldwert gemessen kostbare Umgebung; eine gewisse Unfertigkeit und Primitivität derselben ist ihnen sogar bekömmlich, wenn keine Unform damit gegeben ist. Ohne Spielraum jedoch und geeignete, gutgeordnete, für Sinne, Hand und Geist bereite Dinge gedeihen sie nicht. Für Montessori ist, wie wir sahen, die Einbeziehung der Bewegung ein Fundamentalprinzip ihrer Pädagogik. Das Kind inkarniert seinen Geist durch das Tun, der Geist ordnet sich die Bewegung zu und wird in der rechten Umgebung der Möglichkeiten leiblicher und zugleich geistiger Bewegungen inne. Kinder werden nervös in der Enge des Wohnens mit dem Erwachsenen, ihre Bewegungen sind fahrig, ihr Geist wird ruhelos, wenn der Vorgang der Verleiblichung und Selbstformung nicht zustande kommen kann. Es ist für sie lebensnotwendig, daß unter den heutigen Verhältnissen ihnen in Kinderhaus und Schule eine naturnahe, aber gestaltete Umgebung geschaffen wird, in der sie durch spielhaftes und zielgerichtetes Tun zur Bildung kommen.

Diese vorbereitete Umgebung ist ein Ganzes, das sich vom Leben des Kindes her formt. Ihr Charakteristikum ist die sie durchdringende Ordnung, die aber nicht nur zweckhaft gesetzt ist. Mit der Ordnung verbunden sind die Schönheit und der Reichtum des Lebens. Wenn man in ein Kinderhaus eintritt und einen Eindruck vom Leben der Kinder empfängt, so fällt auf, wie heiter sie sind. Die Fröhlichkeit der Kinder überzeugt davon, daß man sich mit der Vorbereitung und Pflege einer solchen Umgebung den guten Kräften der von Gott geschaffenen Natur des Kindes verbunden hat."

(Aus: Helene Helming, Montessori-Pädagogik, S. 29ff.)

3. Anregungen für die Erziehung

In der Folge möchte ich Sie mit einigen Originaltexten bzw. Textausschnitten aus Veröffentlichungen Maria Montessoris bekannt machen. Ich habe Texte ausgewählt, die ich in engem Kontakt zum Titel dieses Buches sehe, die den Erziehungsalltag vor dem Eintritt des Kindes in die Schule betreffen und zu denen auch ich ganz subjektiv einen Bezug habe. Im Anschluß an den jeweiligen Text versuche ich durch einige interpretative Gedanken, aber auch kritische Anmerkungen einen Bezug zum heutigen Erziehungsalltag in Familie und Kindergarten herzustellen. Ich hoffe, daß Sie manche Hilfestellung oder Anregung für die Erziehung daraus gewinnen können und nicht zuletzt motiviert werden, sich noch intensiver mit Montessori zu beschäftigen.

3.1 Die Bedeutung der frühen Kindheit

„In der modernen Zeit hat das psychische Leben des Neugeborenen großes Interesse erweckt, und einige Psychologen haben die kindliche Entwicklung von den ersten drei Stunden nach der Geburt an beobachtet. Andere sind nach sorgfältigem Studium zu dem Schluß gekommen, daß die ersten zwei Jahre die wichtigsten in der Entwicklung des Menschen sind.

Die Größe der menschlichen Personalität beginnt mit der Geburt des Menschen. Diese merkwürdig mystische Behauptung führt zu einer Schlußfolgerung, die sonderbar erscheinen mag: die Erziehung müßte mit der Geburt beginnen. Aber wie kann ein Kind praktisch kurz nach der Geburt oder im ersten oder zweiten Lebensjahr erzogen werden? Wie soll man einem kleinen Wesen, das unsere Worte nicht versteht und sich nicht einmal recht bewegen kann, Unterricht erteilen? Denken wir nur an Hygiene, wenn wir von der Erziehung kleiner Kinder sprechen? Ganz bestimmt nicht.

In dieser Zeit muß die Erziehung als Hilfe zur Entwicklung der angeborenen psychischen Kräfte des menschlichen Individuums betrachtet werden; das heißt, daß hier die herkömmliche Form der Erziehung durch das Wort nicht angewandt werden kann …

Ungenutzter Reichtum

In letzter Zeit durchgeführte Beobachtungen haben bewiesen, daß das Kleinkind mit einer ihm eigenen, besonderen psychischen Natur ausgestattet ist, was uns dazu zwingt, eine neue Form in der Erziehung zu finden, die das Menschsein selbst betrifft und die noch nie in Erwägung gezogen wurde. Die wahre lebendige und dynamisch schöpferische Kraft der Kinder blieb über Jahrtausende unbekannt. So wie der Mensch in vergangenen Zeiten über die Erde schritt und später deren Oberfläche bebaute, ohne sich um die riesigen Reichtümer zu kümmern, die in ihren Tiefen versteckt liegen, so schreitet der moderne Mensch in der Kultur voran, ohne die Schätze, die versteckt in der psychischen Welt des Kindes ruhen, zu erkennen.

Von seinen ersten Anfängen an hat der Mensch immerfort diese Energien, deren Existenz einige erst heute zu ahnen beginnen, unterdrückt und vernichtet. So schreibt z. B. Carrel: ‚Die Zeit der ersten Kindheit ist zweifellos die reichste. Sie muß in jeder nur möglichen und denkbaren Art und Weise durch die Erziehung ausgenutzt werden. Der Verlust dieser Zeit ist unersetzlich. Anstatt die ersten Jahre des Lebens zu vernachlässigen, ist es unsere Pflicht, sie mit der größten Aufmerksamkeit zu pflegen.'

Die Menschheit beginnt die Bedeutung dieses noch nicht erschöpften Reichtums zu erkennen; etwas, das weit wertvoller ist als Gold: der Geist des Menschen selbst.

Die ersten beiden Lebensjahre eröffnen einen neuen Horizont und offenbaren Gesetze psychischen Aufbaus, die bis heute unbekannt waren. Durch das Kind selbst wurde uns das Geschenk dieser Offenbarung zuteil; es hat uns seine besondere Psychologie gelehrt, die von der des Erwachsenen ganz verschieden ist. Hier liegt der neue Weg! Die Psychologie wird nicht vom Professor beim Kind angewendet, sondern die Kinder selbst offenbaren dem Gelehrten ihre Psychologie.

All das mag unklar erscheinen, aber es hellt sich auf, sobald wir auf die Einzelheiten eingehen: Das Kind hat einen Geist, der fähig ist, Wissen zu absorbieren, und hat das Vermögen, sich selbst zu bilden; es genügt eine oberflächliche Beobachtung, dies zu beweisen. Das Kind spricht die Sprache der Eltern; das Erlernen einer Sprache aber ist eine große geistige Errungenschaft; keiner hat das Kind unterrichtet, und doch weiß es, perfekt die Substantive, die Verben und die Adjektive zu gebrauchen.

Die Entwicklung der Sprache beim Kind zu studieren ist hochinteressant, und alle, die sich damit beschäftigt haben, stimmen in der Ansicht überein, daß der Gebrauch der Worte und Namen, der ersten Elemente der Sprache, in einer bestimmten Periode des Lebens auftritt, als bestünde eine feste Zeitregel für die Äußerung dieser kindlichen Aktivität. Das Kind scheint treu einem ihm von der Natur auferlegten strengen Programm zu folgen. Es tut dies mit einer solchen Pünktlichkeit, daß keine noch so gewissenhaft geführte Schule einen Vergleich aushalten könnte. Diesem Programm folgend, erlernt das Kind die Unregelmäßigkeiten und den syntaktischen Aufbau der Sprache mit unerschütterlichem Fleiß."

(Aus: Maria Montessori, Das kreative Kind, S. 2ff.)

Nicht erst die Kinderpsychologen, -neurologen und -psychiater weisen zu Recht auf die Bedeutung der frühen Kindheit hin, auf das riesige Lernvolumen, das ein Kind bis zum dritten Lebensjahr bewältigt. Im späteren Leben braucht der Mensch Jahrzehnte, um eine entsprechende Leistung zu erbringen.

Aber gelingt es uns überhaupt, das kleine Kind zu beobachten, wahrzunehmen, wie sich sein Lernen vollzieht? Sind wir nicht vielmehr versucht, es immer wieder zu stören, es mit Dingen abzulenken, die uns wichtig erscheinen und über die zu lernen uns unverzichtbar erscheint? Das Kind nimmt ein vielfaches mehr von dem als Wissen auf, absorbiert es, „bildet" sich, als es uns in diesem frühen Alter mitteilen kann. Doch manches würden wir erkennen, würden wir das Kind beobachten. Wie viele Stunden spielen Babies in ihrem Bettchen mit ihren kleinen Händen, beobachten einen Sonnenstrahl an der Wand, freuen sich ganz einfach. Warum müssen wir sie stören? Das Kind lauscht seinen eigenen Lauten und ist fasziniert. Es übt seine Stimme, ist begeistert von den Geräuschen, die es produzieren kann, sucht seinen Weg zu unserer Sprache. Der sensible Erwachsene kann hören, wie es dem Kind geht, ob es zufrieden ist.

Schon in kleinsten Kindern steckt eine dynamische schöpferische Kraft, die das Kind aktiv werden läßt. Wie oft sind Eltern enttäuscht, wenn das Kind seine „Sprachspiele" einstellt, sobald sie es auf den Arm nehmen. Wäre es nicht gut, eine Mutter/ein Vater würde sich im Raum ganz ruhig verhalten und zuhören, lauschen auf die differenzierten Laute, die das Kind produziert, seine Intonation beachten?

Mit dem Erlernen unserer Sprache reduziert sich die Lautvielfalt, geübt wird nur noch, was gebraucht wird. Wenn wir später Fremdsprachen erlernen, kostet es uns Mühe, solche vergessenen und ungeübten Laute wieder hervorzubringen. Viele Menschen lernen es nie mehr.

3.2 Das dreijährige Kind

„Mit drei Jahren hat das Kind bereits die Grundlagen zu seiner menschlichen Personalität gelegt und bedarf jetzt der besonderen Hilfe der schulischen Erziehung. Die Errungenschaften, die es gemacht hat, sind so bedeutend, daß ein Kind, das mit drei Jahren in die Schule kommt*, bereits ein Mensch ist durch eben diese Eroberungen. Die Psychologen behaupten, daß wir mit unseren Fähigkeiten als Erwachsene im Vergleich zum Kind nur in sechzig Jahren harter Arbeit das erreichen würden, was ein Kind in den ersten drei Jahren seines Lebens erreicht. Diese Psychologen behaupten mit den gleichen Worten wie ich: „Mit drei Jahren ist das Kind bereits ein Mensch", auch wenn sich in dieser Anfangsperiode die einzigartige Fähigkeit des Kindes, aus seiner Umwelt zu absorbieren, noch nicht völlig erschöpft hat.

In unsere ersten Schulen kamen die Kinder mit drei Jahren; niemand konnte sie unterrichten, da sie noch nicht aufnahmefähig waren; dafür gewährten sie uns jedoch außerordentliche Offenbarungen über die Größe des menschlichen Geistes. Unsere Bildungsstätten sind mehr ein „Haus des Kindes" als Schulen im eigentlichen Sinn des Wortes; das heißt, es ist eine für das Kind besonders vorbereitete Umgebung, in der es alle Kultur, die die Umgebung ausstrahlt, aufnimmt, ohne Unterricht zu benötigen. Die Kinder aus den ersten Schulen stammten aus den niedrigsten Volksschichten, und ihre Eltern waren Analphabeten. Und trotzdem konnten die Kinder mit fünf Jahren lesen und schreiben, ohne daß es sie jemand direkt gelehrt hätte**. Wenn Besucher der Schule fragten: ‚Von wem hast du schreiben gelernt?', antworteten die Kinder oft erstaunt: ‚Gelernt? Ich habe es von niemandem gelernt.'

Damals erschien es als ein Wunder, daß Kinder mit viereinhalb Jahren schreiben konnten und daß sie das erreicht hatten, ohne daß sie je den Eindruck hatten, Unterricht erhalten zu haben.

Die Presse begann von einer ‚spontanen Erwerbung der Bildung' zu sprechen; die Psychologen fragten sich, ob es sich um besondere Kinder handle, und wir selbst blieben lange Zeit ver-

* Montessori verwendet, wie es häufig im romanischen Sprachgebrauch geschieht, das Wort Schule gelegentlich auch für den Kindergarten (d. Hrsg.).

** Das Lernen mit Hilfe des didaktischen Materials bezeichnet Montessori gelegentlich als „indirekte" Methode (d. Hrsg.).

wundert. Erst nach wiederholten Versuchen erlangten wir die Gewißheit, daß alle Kinder ohne Unterschied die Fähigkeit besitzen, Kultur zu ‚absorbieren'. Damals sagten wir uns, wenn Kinder ohne Anstrengung Bildung erwerben können, wollen wir ihnen die Möglichkeit geben, auch andere Bildungsgüter zu ‚absorbieren'. Wir konnten beobachten, wie das Kind weit mehr als Lesen und Schreiben ‚absorbierte': Botanik, Zoologie, Mathematik, Geographie erlernte es gleichermaßen leicht, spontan und ohne Anstrengung.

Wir konnten somit feststellen, daß die Erziehung nicht das ist, was der Lehrer vermittelt, sondern ein natürlicher Prozeß, der sich im menschlichen Individuum abwickelt; Erziehung wird nicht nur durch Worte erworben, sondern kraft der Erfahrungen aus der Umgebung. Die Aufgabe des Lehrers ist nicht, zu sprechen, sondern eine Serie von Motiven zur Bildungsaktivität in einer eigens vorbereiteten Umgebung bereitzustellen.

Über vierzig Jahre habe ich in verschiedenen Ländern Erfahrung gesammelt. Sobald die Kinder heranwuchsen, baten mich deren Eltern, weiterhin die Erziehung ihrer größer gewordenen Kinder fortzusetzen. Wir entdeckten so, daß die individuelle Aktivität des Kindes allein seine Entwicklung anregt und vorantreibt: Das gilt sowohl für die Kinder im Vorschulalter als auch für die der Grundschule und der weiterführenden Schulen."

(Aus: Maria Montessori, Das kreative Kind, S. 4ff.)

Mit drei Jahren erachtet Maria Montessori die Errungenschaften, die das Kind gemacht hat, so bedeutend, daß es in die Schule könnte. Wie eingangs schon gesagt, meint sie damit den Kindergarten oder das Montessori-Kinderhaus, in dem Kinder von drei bis sechs Jahren leben und lernen.

In ihren eigenen Aussagen stellt Maria Montessori richtig, daß ihre Schulen bzw. Bildungsstätten mehr ein „Haus des Kindes" sind. Hier kann das Kind aufnehmen, absorbieren, ohne Unterricht zu erhalten. Kinder lernen in diesem Alter viel mehr von alleine, als wir ihnen in Unterrichtseinheiten und Kursen je vermitteln könnten. So ist das Leben in der Montessori-Pädagogik in keinster Weise mit den Frühleselehrgängen der siebziger oder achtziger Jahre zu vergleichen. Es mag hart sein für Eltern, Erzieherinnen/Lehrerinnen zu akzeptieren, daß Erziehung nicht allein das ist, was sie vermitteln, sondern vielmehr ein Prozeß, der sich im Kind selbst abwickelt.

Unsere Erziehungswirkung ist dann am größten, wenn wir nicht absichtlich geplant erziehen. Das Kind beobachtet unser Tun und Handeln, absorbiert unsere Verhaltensweisen, übernimmt Aktivitäten und versetzt uns in großes Staunen: „Wann und von wem hast du das gelernt?" Und das Kind könnte antworten: „Das habe ich nicht gelernt, das kann ich einfach, wirklich, soll ich es dir zeigen?"

Die Unglaubwürdigkeit gegenüber den Aussagen des Kindes und die Zweifel stehen uns im Gesicht geschrieben. Sollten wir statt dessen nicht einfach akzeptieren, daß das Kind etwas kann, etwas gelernt hat, ohne daß wir dabei als große Lehrmeister aufgetreten sind?

Als Eltern und professionelle Pädagogen sollten wir mehr Wert auf die Vorbereitung der Umgebung legen, auf das Bereitstellen von Materialien und die Schaffung von Anreizen für das Kind, und vielleicht weniger reden. Warum nur fällt es Erwachsenen so schwer, zu schweigen und zu warten, was Kinder entdecken werden. Wahrscheinlich liegt unser Verhalten daran, daß wir es nicht aushalten können, wenn Kinder ihr Augenmerk nicht auf das von uns Gewünschte richten. Hier heißt es Beherrschung üben. Aktivitäten, die schöpferisch aus dem Kind selbst kommen, regen seine Entwicklung an und treiben sie voran. Kinder lernen nicht dann, wenn wir es wollen, oder wenn wir sie dazu besonders motivieren. Maria Montessori gibt uns viele Anregungen, wie wir es anders machen können.

3.3 Die Schule und das soziale Lernen

„Man muß sich von Anfang an darüber klar sein, was wir unter Erziehung für das Leben von der Geburt an verstehen. Deshalb ist es notwendig, auf die Einzelheiten des Problems einzugehen. Vor nicht langer Zeit wies der Führer eines Volkes, Gandhi, auf die Notwendigkeit hin, die Erziehung nicht nur auf die ganze Lebenszeit zu erstrecken, sondern die ‚Verteidigung des Lebens' zu ihrem Mittelpunkt zu machen. Damit wurde erstmalig eine solche Erklärung vom geistigen und politischen ‚leader' eines Volkes abgegeben. Die Wissenschaft hingegen hat nicht nur bereits auf diese Notwendigkeit hingewiesen, sondern seit Beginn des Jahrhunderts bewiesen, daß die Idee, die Erziehung auf das ganze Leben auszudehnen, die Möglichkeit eines sicheren Erfolges in sich trägt. Diese Auffassung wurde jedoch bisher von keinem Erziehungsministerium aufgegriffen*.

Die Erziehung ist heute reich an Methoden, Zwecken und gesellschaftlichen Zielen. Man kann jedoch nicht sagen, daß sie auf das Leben selbst ausgerichtet ist. Unter den vielen offiziellen Erziehungsmethoden in den verschiedenen Ländern macht es sich keine zur Aufgabe, dem Individuum von der Geburt an zu helfen und seine Entwicklung zu beschützen. Die Erziehung in ihrer heutigen Form vernachlässigt sowohl das biologische als auch das soziale Leben. Alle, die in das Bildungswesen eintreten, werden gleichzeitig von der Gesellschaft isoliert. Die Schüler haben die Pflicht, sich der Schulordnung anzugleichen und dem vom Kultusministerium vorgeschriebenen Unterrichtsprogramm zu folgen. Auch in der letzten Vergangenheit hat sich die Schule selbst nicht im geringsten für die sozialen und physischen Voraussetzungen der Schüler interessiert. Wurde die Aufnahmefähigkeit eines Schülers durch Unterernährung oder einen Seh- oder Hörfehler her-

* Deutliches Beispiel für den provokativen Redestil Montessoris. Dennoch ist der richtige Kern dieser Anklage nicht zu übersehen; vgl. die heutige Diskussion um die Bildungsprobleme in der BRD (d. Hrsg.).

abgesetzt, bekam er sicher auch schlechtere Zensuren. Später wurden physische Defekte beachtet, aber nur vom Standpunkt der physischen Hygiene, während bis heute niemand bedachte, daß der Geist des Schülers durch mangelhafte und ungeeignete Erziehungsmethoden betroffen werden und Schaden erleiden kann …

Die Schule jedoch ist eine Welt für sich, eine Welt, die den sozialen Problemen verschlossen bleibt. Sie ist nicht dazu verpflichtet, diese zu beachten und zu erkennen. Sie ist eine soziale Einrichtung mit zu alter Tradition, als daß ihre Bestimmungen auf amtlichem Weg abgeändert werden könnten. Nur eine Kraft, die von außen einwirkt, kann Wandel schaffen und die Mängel beseitigen, die die Erziehung in all ihren Abschnitten begleiten und dann leider auch das Leben derer begleiten, die die Schule besuchen."

(Aus: Maria Montessori, Das kreative Kind, S. 8ff.)

Mit diesen Ausführungen greift Maria Montessori die Schule – und damit auch Institutionen wie den Kindergarten – und die Gestaltung des sozialen Lebens in unserer Gesellschaft an. Man spürt dabei die Reformpädagogin, die den Blick wieder auf das Kind lenken will. Was sie jedoch vor vielen Jahrzehnten kritisiert hat, wird auch heute noch von vielen Schulkritikern so gesehen. Nicht zuletzt ist die vermehrte Entstehung von Privatschulen – und darunter auch von Montessori-Schulen – eine Art Kritik am Schulsystem. Selbst wenn dem Erzieherischen in den Lehrplänen und Schulverordnungen immer mehr Raum zugebilligt wird, wird dies im Erziehungsalltag nur begrenzt umgesetzt.

Mit ihrer Aufforderung, daß sich die Schule (und der Kindergarten) auch der sozialen und gesellschaftlichen Probleme annehmen muß, geht Maria Montessori einig mit den Forderungen der Mehrzahl der Lehrer- und Berufsverbände unserer Tage. So hat Montessoris Forderung nach einer vorbereiteten Umgebung und einem neuen Lehrer auch heute noch Gültigkeit, wenn Kindern in der Schule die Möglichkeit eröffnet oder erleichtert werden soll, schöpferisch zu lernen. So erstaunt es auch nicht, daß in allen Diskussionen um Schulreformen auf die Aussagen, Methoden und Konzepte der Pädagogen aus den Anfängen unseres Jahrhunderts zurückgegriffen wird. Noch leben wir im Jahrhundert des Kindes – wie es von der schwedischen Reformpädagogin Ellen Key ausgerufen wurde. Wird es eine Weiterentwicklung in den verschiedenen Erziehungsfeldern geben? Werden sich Kindergarten und Schule den sozialen Problemen und gesellschaftlichen Anforderungen und Erwartungen in verstärktem Maße stellen?

3.4 Die Aufgaben der Erziehung und die Gesellschaft

„Eine Erziehung, die das Leben als Zentrum betrachtet, verändert alle bisherigen Ideen über die Erziehung. Nicht ein festliegendes Programm, sondern die Kenntnis des menschlichen Lebens muß Ausgangspunkt für die Erziehung sein. Unter diesem Gesichtspunkt gewinnt die Erziehung des Neugeborenen plötzlich große Bedeutung. Das Neugeborene kann zwar nichts tun, und im herkömmlichen Sinne kann man es nichts lehren. Es kann nur Gegenstand von Beobachtungen und Forschungen sein, deren Ziel es ist, die lebenswichtigen Bedingungen ans Licht zu bringen. Wir haben diese Beobachtungen durchgeführt, um die Gesetze des Lebens kennenzulernen; denn wollen wir dem Leben helfen, so ist es erste Voraussetzung, daß wir mit seinen Gesetzen vertraut sind. Uns interessiert jedoch nicht nur die Kenntnis dieser Gesetze. Denn verfolgten wir nur diesen Zweck, blieben wir im Bereich der Psychologie und gingen nicht in den Bereich der Erziehung über.

Die Kenntnis der psychischen Entwicklung des Kindes muß jedoch eine weite Verbreitung finden. Nur dann wird die Erziehung eine neue Autorität erlangen und kann der Gesellschaft sagen: ‚Dies sind die Gesetze des Lebens; ihr könnt sie nicht ignorieren und müßt sie befolgen, denn sie weisen auf die

Menschenrechte hin, die gleich sind für die gesamte Menschheit.

Wenn die Gesellschaft eine Pflichterziehung für notwendig erachtet, muß diese in praktischer Form erteilt werden. Wird außerdem anerkannt, daß die Erziehung bei der Geburt beginnen muß, ist die Gesellschaft notwendigerweise verpflichtet, die Gesetze der kindlichen Entwicklung zu kennen. Die Erziehung muß Einfluß auf die Gesellschaft erwerben, anstatt von ihr ignoriert zu werden, und das soziale System wird sich den Notwendigkeiten, die aus dieser neuen Auffassung erwachsen, anpassen müssen: Das Leben muß beschützt werden. Alle sind aufgerufen mitzuarbeiten. Väter und Mütter müssen ihre Verantwortung übernehmen. Sollten der Familie jedoch die notwendigen Mittel fehlen, ist die Gesellschaft verpflichtet, nicht nur den Unterricht zu erteilen, sondern auch die Mittel, die zum Aufziehen der Kinder benötigt werden, bereitzustellen. Wenn Erziehung Pflege des Individuums bedeutet, wenn die Gesellschaft Mittel für die Entwicklung des Kindes für nötig erachtet, über die die Familie nicht verfügt, so muß die Gesellschaft selbst diese Mittel zur Verfügung stellen, so muß der Staat für die Kinder sorgen."

(Aus: Maria Montessori, Das kreative Kind, S. 11f.)

Was Maria Montessori mit diesen Aussagen fordert, könnte auch aus der Feder von Familienpädagogen, Familien-, Erziehungs- und Elternverbänden stammen. Es ist die Forderung, für die Erziehung des Kindes die notwendigen Rahmenbedingungen in Familie und Gesellschaft zu schaffen, damit sich das Kind von Geburt an entwickeln und seinen inneren Aufbau zustande bringen kann. Maria Montessori verlangt deshalb zu Recht die Kenntnis über die psychische Entwicklung des Kindes und fordert dabei im weitesten Sinne eine fundierte Eltern- und Familienbildung, Sensibilität in der Gesellschaft für die Bedürfnisse von Familien und Kindern und, wenn notwendig, ergänzende und unterstützende Hilfen durch die Gesellschaft bzw. den Staat. Maria Montessori ist absolut aktuell, wenn sie weiterhin fordert, daß die Erziehung Einfluß auf die Gesellschaft haben muß. Tatsache ist heute, daß wir durch Erziehung auf gesellschaftliche Veränderungen und Herausforderungen reagieren müssen. Das heißt gleichzeitig, daß die Schwächsten der Gesellschaft am meisten unter deren Auswirkungen leiden. Kann Erziehung, können Familie, Kindergarten und Schule aber die Reparaturwerkstätten sein, die die negativen Auswirkungen ausgleichen oder gar heilen können? Ist es nicht vielmehr so, daß sich auch die Gesellschaft orientieren muß an ihren jüngsten Mitgliedern?

Ein typisches Beispiel ist der Arbeitsmarkt. Mehr Flexibilität wird gefordert. Schichtdienst wird zur Norm, denn die Maschinenlaufzeiten müssen besser genutzt werden. Welche Auswirkungen hat dies auf Kinder, die ihre Mütter/Väter kaum noch zu Gesicht bekommen, die bereits um fünf Uhr morgens in Kindertagesstätten abgegeben werden müssen oder morgens alleine aufstehen, frühstücken und dann zur Schule gehen? Wie sollen Kinder sich unter solchen Bedingungen frei entfalten können, in ein selbstverantwortetes Leben hineinwachsen und in Freiheit schöpferisch aktiv werden?

3.5 Das Kind als Baumeister des Menschen

„Welche Schlußfolgerungen können wir aus den Berichten der verschiedenen Psychologen ziehen, die das Kind von seinem ersten Lebensjahr an studiert haben? Das Heranwachsen des Individuums darf nicht dem Zufall überlassen werden. Es muß vielmehr wissenschaftlich mit größerer Sorgfalt überwacht werden, um dem Individuum eine bessere Entwicklung zu ermöglichen. Alle sind sich darüber einig, daß das Individuum, dem mehr Pflege und Sorge zuteil wurde, stärker, geistig ausgeglichener und mit energischerem Charakter heranwächst. Mit anderen Worten: Das Kind bedarf außer einer physischen auch einer geistigen Hygiene. Die Wissenschaft hat weitere Entdeckungen gemacht, die die erste Zeit des Lebens betreffen: Das Kind verfügt über größere Energie, als im allgemeinen angenommen wird. Psychisch gesehen, ist das Kind bei seiner Geburt nichts; und nicht nur psychisch, da es bei seiner Geburt keine geordneten Bewegungen durchführen kann und ihm die Quasi-Unbeweglichkeit seiner Glieder nicht gestattet, etwas zu tun. Es kann nicht sprechen, auch wenn es sieht, was um es vorgeht. Nach einer bestimmten Zeit spricht das Kind, läuft und macht eine Eroberung nach der anderen, bis es den Menschen in seiner vollen Größe und Intelligenz aufbaut. Somit setzt sich eine Wahrheit durch: Das Kind ist nicht ein leeres Gefäß, das wir mit unserem Wissen angefüllt haben und das uns so alles verdankt. Nein, das Kind ist der Baumeister des Menschen, und es gibt niemanden, der nicht von dem Kind, das er selbst einmal war, gebildet wurde. Die größeren schöpferischen Energien des Kindes, von denen wir bereits mehrmals gesprochen haben und die das Interesse der Wissenschaftler erweckten, wurden bisher von dem Ideenkomplex, der sich um die Mutterschaft gebildet hat, in den Schatten gestellt. Es hieß: Die Mutter bringt das Kind zur Welt, sie lehrt es sprechen, gehen usw. All dies ist jedoch absolut nicht Werk der Mutter, sondern eine Eroberung des Kindes. Die Mutter trägt das Neugeborene aus, aber das Neugeborene bringt den Menschen hervor. Stirbt die Mutter, so wächst das Kind dennoch heran und vollbringt den Aufbau des Menschen. Ein indisches Kind, das nach Amerika kommt und dort von Amerikanern aufgezogen wird, erlernt die englische Sprache und nicht die indische. Die Kenntnis der Sprache stammt also nicht von der Mutter, sondern das Kind eignet sich die Sprache sowie die Angewohnheiten und Gebräuche der Menschen an, unter denen es lebt. Es ist also nichts Ererbtes in diesen Eroberungen. Das Kind formt von sich aus den zukünftigen Menschen, indem es seine Umwelt absorbiert."

(Aus: Maria Montessori, Das kreative Kind, S. 13ff.)

Maria Montessori beschreibt das Kind als Baumeister des Menschen. Während es heranwächst, absorbiert es seine Umwelt und entwickelt sich durch die schöpferische Energie, die in ihm steckt. So fordert Maria Montessori nur auf, dem Kind in Ehrfurcht gegenüberzutreten, seine Kräfte anzuerkennen und ihm beste Entwicklungschancen einzuräumen.

Wenn wir ein Kind beobachten, dann sind wir fasziniert, mit welcher Ausdauer, Konzentration und Akribie es seine Tätigkeiten wiederholt und schrittweise dem Erfolg näherkommt. Es wird durch scheinbare Mißerfolge nicht entmutigt, sondern es scheint vielmehr, als ob es aus der sich immer wiederholenden Tätigkeit neue Kraft schöpft. Hier machen Eltern und Erzieherinnen die wohl größten Erziehungsfehler, wenn sie diese schöpferischen Übungsphasen durch Ungeduld unterbrechen oder abkürzen wollen, da ihnen die Lösung so nahe ist. Das Kind aber will unsere Hilfe nicht. Es will seine Tätigkeit in Freiheit ausführen, also sich selbst Schritt für Schritt aufbauen. Kennen wir nicht auch alle den Stolz, den das Kind zeigt, wenn es etwas selbst erreicht hat? Ebenso begegnet uns aber auch sein Trotz. Es sagt „ich will" und meint dies ernst, und wir sagen ihm, daß das nicht geht oder daß es das eben noch nicht könnte. Das Kind aber will selbständig sein und sich befreien von der Gängelung durch den Erwachsenen. So braucht das Kind zum einen seinen inneren Aufbau, seine Entwicklungsfreiheit und verständnisvolle Eltern/Erzieherinnen, die es zulassen, daß es seine Umwelt absorbiert und in seiner Weise mit den Erfahrungen umgeht.

3.6 Die schöpferische Periode

„Während meiner Jugend wurde den Kindern im Alter von zwei bis sechs Jahren keine Beachtung geschenkt. Jetzt hingegen bestehen vorschulische Einrichtungen aller Art, die die Kleinen von drei bis sechs Jahre aufnehmen. Aber auch heute noch wird wie in der Vergangenheit der Erziehung an der Universität die größte Bedeutung beigemessen, denn sie wird von denen besucht, die die wesentliche Gabe des Menschen, seine Intelligenz, am höchsten ausgebildet haben., Seitdem die Psychologen jedoch begonnen haben, das Leben selbst zu studieren, hat sich eine ganz entgegengesetzte Tendenz herausgebildet. Viele vertreten heute wie ich die Ansicht, daß die wichtigste Zeit des Lebens nicht die des Hochschulalters ist, sondern die erste Periode, die von der Geburt bis sechs Jahre reicht; denn gerade in dieser Zeit wird die Intelligenz, das große Werkzeug des Menschen, geformt; und nicht nur die Intelligenz, sondern auch die Gesamtheit der psychischen Fähigkeiten. Alle, die ein Gefühl für das psychische Leben besitzen, wurden stark von dieser Idee beeindruckt. Viele begannen, das Neugeborene, das einjährige Kind zu studieren, das die menschliche Personalität schafft. Indem sie sich mit dieser geheimnisvollen Offenbarung des Lebens befassen, erleben die Gelehrten die gleiche Erregung, die unsere Vorfahren ergriff, wenn sie über den Tod meditierten. Was geschieht, wenn der Tod eintritt? In der Vergangenheit regte diese Frage zur Meditation an, heute hingegen ist der Mensch bei seinem ersten Erscheinen auf dieser Welt Gegenstand intensiver Betrachtung. Im Neugeborenen wird der *Mensch* entdeckt. Warum muß es eine so lange und mühselige Kindheit haben? Kein Tier hat eine so schwierige Kindheitsperiode. Was geschieht während dieser Zeit?

Die Kindheit ist zweifellos eine schöpferische Periode. Zu Beginn besteht nichts, und dann, nach etwa einem Jahr nach der Geburt, erkennt das Kind alles. Das Kind kommt nicht mit ein wenig Intelligenz, mit ein wenig Gedächtnis, mit ein wenig Willen auf die Welt, die in der darauffolgenden Periode wachsen und sich entwickeln. Das Kätzchen miaut von Geburt an, wenn auch noch nicht perfekt, der Vogel und das Kalb haben gleichfalls ein Stimmchen, dasselbe, das in verstärktem Maße die Stimme ihrer Art sein wird. Der Mensch hat bei seiner Geburt nur ein einziges Ausdrucksmittel: das Weinen. Beim menschlichen Wesen handelt es sich also nicht um eine Entwicklung, sondern um eine Schöpfung, die vom Nullpunkt ausgeht. Der wunderbare Schritt, den das Kind zurücklegt, führt vom Nichts zum Etwas, und es fällt uns schwer, dieses Wunder verstandesmäßig zu erfassen.

Dieser Schritt verlangt eine Geistesform, die sich von der der Erwachsenen unterscheidet. Das Kind verfügt über andere Kräfte, und die Schöpfung, die es vollbringt, ist keine Kleinigkeit: die Schöpfung des Ganzen. Es schafft nicht nur die Sprache, sondern formt auch die Organe, die es ihm ermöglichen, zu sprechen. Jede körperliche Bewegung, jedes Element unserer Intelligenz, alles, womit das menschliche Individuum ausgestattet ist, wird vom Kind geschaffen. Eine wundervolle Eroberung, die unbewußt vollbracht wird. Die Erwachsenen haben ein Bewußtsein. Wenn wir den Willen und den Wunsch haben, etwas zu lernen, so tun wir das, aber das Kind hat kein Bewußtsein und keinen Willen, da beides erst geschaffen werden muß.

Wenn wir unsere Erwachsenen-Geistesform bewußt nennen, müßte die des Kindes unbewußt genannt werden. Das bedeutet aber nicht, daß sie minderwertiger ist. Ein unbewußter Geist kann reich an Intelligenz sein; eine Intelligenzform, die bei jedem Lebewesen anzutreffen ist, auch bei den Insekten; eine unbewußte Intelligenz, auch wenn sie manchmal mit Verstand ausgerüstet zu sein scheint. Mit dieser Geistesform vollbringt das Kind unbewußterweise seine wunderbaren Eroberungen, angefangen beim Kennenlernen seiner Umgebung. Wie konnte das Kind seine Umgebung absorbieren? Aufgrund einer besonderen Eigenart, die wir bei ihm entdeckt haben: einer so starken Kraft der Sensibilität, daß die Dinge aus seiner Umgebung ein Interesse und eine Begeisterung in ihm hervorrufen, die sein eigenes Leben zu durchdringen scheinen. Das Kind assimiliert all diese Eindrücke nicht mit dem Verstand, sondern mit dem eigenen Leben. Ein deutliches Beispiel dafür ist das Erlernen der Sprache. Was geschieht, damit das Kind die Sprache erlernt? Darauf wird geantwortet, daß das Kind mit Hilfe des Gehörs die Stimme der menschlichen Wesen vernimmt und so sprechen lernt. Auch wenn diese Tatsache anerkannt wird, bleibt die Frage offen, warum das Kind unter den Tausenden von

Lauten und Geräuschen aus seiner Umgebung gerade die Stimme des Menschen hört und in sich aufnimmt. Wenn das Kind wirklich nur die Sprache der Menschen vernimmt und erlernt, so muß diese einen großen Eindruck in ihm hinterlassen. Diese Eindrücke müssen so stark sein und eine derartige Intensität der Gefühle und der Begeisterung hervorrufen, daß sie unsichtbare Fibern in seinem Leib in Bewegung setzen, die zur Wiedergabe dieser Laute zu schwingen beginnen. Zum Vergleich können wir uns den Eindruck, den ein Konzert auf uns macht, vergegenwärtigen. Nach kurzer Zeit spiegelt sich ein Ausdruck des Entzückens auf den Gesichtern der Zuhörer wider, und Köpfe und Hände beginnen sich zu bewegen. Was hat sie in Bewegung gebracht, wenn nicht die Eindrücke, die die Musik verursacht hat? Im unbewußten kindlichen Geist muß sich ein ähnlicher Vorgang abspielen. Die menschliche Stimme übt einen solchen Eindruck auf das Kind aus, daß wir im Vergleich dazu von der Musik fast unberührt bleiben. Beim Kind können wir beinahe die Bewegungen der Zunge, der winzigen schwingenden Stimmbänder und der Backen sehen. Alles schwingt und spannt sich, um in der Stille die Wiedergabe der Laute vorzubereiten, die einen so tiefen Eindruck in seinem unbewußten Geiste hinterlassen haben. Was geschieht, daß das Kind die Sprache in ihrer Exaktheit erlernt, so genau und dauerhaft, daß sie Teil seiner psychischen Personalität wird? Diese in der Kindheit erlernte Sprache wird Muttersprache genannt und unterscheidet sich deutlich von allen anderen Sprachen, die das Kind später erlernen kann, so wie sich die falschen Zähne von den echten unterscheiden.

Was geschieht, daß diese Laute, die anfänglich ohne Bedeutung waren, plötzlich für seinen Verstand einen Sinn erhalten? Das Kind hat nicht nur die Worte ‚absorbiert', sondern den ‚ganzen Satz, den Satzbau'. Wenn wir nicht den Satzbau begreifen, können wir auch nicht die Sprache verstehen. Sagen wir zum Beispiel: ‚Das Glas steht auf dem Tisch', ergibt sich der Sinn aus der Wortfolge. Würden wir sagen: ‚Glas das auf steht Tisch', wäre es schwierig, den Sinn zu erfassen. Es ist die Rei-

henfolge der Worte, die für uns verständlich ist. Das Kind absorbiert den Aufbau der Sprache."
(Aus: Maria Montessori, Das kreative Kind, S. 20ff.)

Die Phase der Kindheit ist wohl der bedeutendste Abschnitt im Leben des Menschen. Die ersten Lebensjahre sind so grundlegend von Bedeutung, daß Fehlentwicklungen und mangelnde Erfahrungen kaum mehr aufgeholt werden können. Aber Maria Montessori hat recht, wenn sie bemängelt, daß gerade der Kindheit zu wenig Beachtung geschenkt wird, statt dessen der Universität viel mehr Aufmerksamkeit gewidmet wird. Dies schlägt sich auch in der Wertung der frühen Kindheit nieder. Je jünger die Kinder sind, desto „niedriger" ist die Ausbildung der in den Einrichtungen, die die Kinder stundenweise oder tagsüber betreuen, tätigen Mitarbeiter.

Aber trotz alledem erfährt der kognitive Bereich in unseren Kindergärten nach wie vor besondere Aufmerksamkeit. Förderprogramme in Kindergärten haben nach wie vor hohen Stellenwert, Lernprogramme finden großen Absatz, und viele Eltern wählen den Kindergarten nach den Förderangeboten und Kursen aus, die die Einrichtung anbietet. Dabei wird verkannt, daß das Kind eben kein „leeres Gefäß" ist. Es verfügt über schöpferische Energien, die seinen inneren Aufbau steuern, die Entwicklung der Intelligenz ebenso wie die der Sprache und der Bewegung. Das Kind absorbiert bestimmte Dinge seiner Umgebung, und wir wissen nicht, welche es bevorzugt auswählt bzw. warum es gerade diese auswählt. Bei dieser Auswahl werden die Unterschiede zwischen Kind und Erwachsenem deutlich. Es sind oft scheinbar Nichtigkeiten, die das Interesse des Kindes wecken und die es dann regelrecht aufsaugt. Für uns Erwachsene ist dies schwer zu verstehen.

Aber dieses Phänomen wird uns bei der Erziehung im Vorschulalter immer wieder begegnen. Wir wollen die Aufmerksamkeit des Kindes auf einen ganz besonderen Gegenstand lenken und müssen feststellen, daß wir damit nicht den Interessen des Kindes gerecht werden. Es hat sich etwas anderem zugewandt. Wir können nicht verstehen, was am Auswahlgegenstand des Kindes so interessant ist. Wir müssen uns bemühen, die Interessen des Kindes wahrzunehmen und ihm mit unserem Verständnis näherkommen. Wenn wir das Kind besser verstehen, so merken wir, wie wir selbst in eigene Kindheitserfahrungen zurückfinden. Übrigens, je mehr die Kindheit vom Kind als schöpferische Periode durchlebt wird, desto umfassender und ganzheitlicher wird sich auch seine Wahrnehmung entwickeln, seine Sinne werden geschult sein und es so zu einem aufnehmenden, interessierten und aktiven Menschen werden lassen.

Für mich ist es immer noch ein besonderes Phänomen, mit welcher Sicherheit Kinder mit den Sinnesmaterialien umgehen. Viele von uns Erwachsenen sind nicht mehr in der Lage, unsere Sinne derartig differenziert einzusetzen. Dennoch, wir haben es in der Kindheit auch gekonnt.

3.7 Der absorbierende Geist

„Die Bewegung ist eine weitere wunderbare Eroberung des Kindes. Als Neugeborenes liegt es monatelang ruhig in seinem Bettchen. Und siehe da, nach einiger Zeit läuft das Kind, bewegt sich in seiner Umgebung, beschäftigt sich, freut sich und ist glücklich. Es lebt Tag um Tag und lernt jeden Tag, sich besser zu bewegen. Die Sprache in ihrer ganzen Komplexität tritt in seinem Geist auf und so auch die Fähigkeit, seine Bewegungen je nach den Erfordernissen seines Lebens zu steuern. Aber das ist noch nicht alles. Viele andere Dinge erlernt das Kind mit erstaunlicher Schnelligkeit. Es macht sich alles aus seiner Umgebung zu eigen: Gewohnheiten, Sitten, Religion prägen sich fest in seinen Verstand ein.

Die Bewegungen, die das Kind erlernt, formen sich nicht durch Zufall, sondern werden gemäß der jeweiligen besonderen Entwicklungsperiode bestimmt. Wenn das Kind seine ersten Bewegungen macht, hat sein Geist, der in der Lage ist, zu absorbieren, sich bereits seine Umwelt zu eigen gemacht. Noch bevor es beginnt, sich zu bewegen, hat in ihm bereits eine unbewußte psychische Entwicklung stattgefunden. Mit seinen ersten Bewegungen beginnt es auch bewußt zu werden. Beobachten wir ein dreijähriges Kind, so sehen wir, daß es stets mit etwas spielt. Das bedeutet, daß es mit Hilfe seiner Hände Dinge untersucht und in sein Bewußtsein einprägt, die sein unbewußter Geist zuvor absorbiert hatte. Durch diese Erfahrungen in der Umgebung überprüft es in der Form des Spiels die Dinge und Eindrücke, die sein unbewußter Geist empfangen hat. Durch die Arbeit wird es bewußt und baut den *Menschen* auf. Das Kind wird von einer geheimnisvollen, starken Kraft geführt, die es allmählich inkarniert. Es wird so durch das Werk seiner Hände und seiner Erfahrung zum Menschen: erst durch das Spiel, und dann durch die Arbeit. Die Hände sind das Werkzeug der menschlichen Intelligenz. Aufgrund dieser Erfahrungen nimmt das Kind eine bestimmte – und somit auch begrenzte – Form an, da dem Bewußtsein engere Grenzen gesetzt sind als dem Unbewußten und Unterbewußten.

Das Kind tritt ins Leben ein und beginnt seine geheimnisvolle Arbeit; nach und nach prägt es seine wunderbare Persönlichkeit, die sowohl seiner Zeit als auch seiner Umwelt entspricht. Es baut seinen Geist auf, bis sich Stück für Stück das Gedächtnis bildet, die Fähigkeit, zu verstehen und zu denken. Somit erreicht es schließlich sein sechstes Lebensjahr. Und jetzt entdecken wir Erzieher plötzlich, daß dieses Individuum versteht, daß es die Geduld aufbringt, uns zuzuhören, während wir früher keine Möglichkeit hatten, zu ihm vorzudringen. Es lebte in einer anderen Sphäre. Dieses Buch befaßt sich mit dieser ersten Periode. Das Studium der Psychologie des Kindes in den ersten Lebensjahren eröffnet solche Wunder, daß es jeden, der Verständnis dafür aufbringt, tief beeindruckt.

Wir Erwachsenen haben nicht die Aufgabe zu lehren, sondern wir müssen den kindlichen Geist bei der Arbeit seiner

Entwicklung unterstützen. Es wäre wunderbar, wenn wir durch unsere Hilfe, durch eine intelligente Behandlung des Kindes, durch das Verständnis der Bedürfnisse seines Lebens die Periode verlängern könnten, in der in ihm der absorbierende Geist wirkt. Welchen Dienst könnten wir der Menschheit erweisen, wenn wir dem menschlichen Individuum dazu verhelfen könnten, alles Wissen ohne Mühe zu absorbieren, wenn der Mensch sein Wissen anreichern könnte, ohne zu wissen, wie er es erworben hat, fast wie durch Magie. Ist die Natur nicht reich an Zauberkraft und Wundern?

Die Entdeckung, daß der Geist des Kindes fähig ist zu absorbieren, hat eine Revolution im Bereich der Erziehung hervorgerufen. Jetzt ist es verständlich, warum die erste Periode der menschlichen Entwicklung, in der sich der Charakter bildet, die wichtigste ist. In keinem anderen Lebensalter ist eine einsichtige Hilfe notwendiger, und jedes Hindernis, das sich dem Kind in dieser Zeit in den Weg stellt, vermindert die Möglichkeit, sein schöpferisches Werk zu vervollkommnen. Wir helfen dem Kind also nicht mehr, weil wir es für ein kleines, schwaches Wesen halten, sondern weil es mit starken, schöpferischen Energien ausgestattet ist, die von so zarter Natur sind, daß sie einer liebevollen und einsichtigen Verteidigung bedürfen, damit sie nicht geschmälert und verletzt werden. Diese Energien wollen wir unterstützen, nicht das kleine Kind und seine Schwäche. Die Auffassung von Erziehung wird sich von Grund auf ändern. Erziehung wird zur Hilfe für das Leben des Kindes, für die psychische Entwicklung des Menschen werden und nicht mehr ein Aufdrängen unserer Ideen, Taten und Worte, wenn man verstanden hat, daß diese Energien einem unbewußten Geist angehören, der durch Arbeit und Erfahrungen in seiner Umwelt bewußt werden muß; wenn es klar wird, daß sich der kindliche Geist von unserem unterscheidet, daß wir diesen nicht durch einen Wortunterricht ansprechen können, daß wir nicht direkt in den Prozeß des Übergangs vom Unbewußten zum Bewußtsein und in den des Aufbaus der menschlichen Fähigkeiten eingreifen können.

Das ist der neue Weg, den die Erziehung eingeschlagen hat: dem Geist in seinen verschiedenen Entwicklungsvorgängen zu helfen und die verschiedenen Energien und Fähigkeiten zu untersützen und zu verstärken."
(Aus: Maria Montessori, Das kreative Kind, S. 24ff.)

Der Begriff Maria Montessoris vom absorbierenden Geist ist uns mittlerweile schon vertraut. In vielen ihrer Vorträge und schriftlichen Ausführungen hat Maria Montessori versucht, uns diesen Begriff, der in der modernen Pädagogik so fremd anmutet, nahezubringen. Der absorbierende Geist ist ein unverzichtbares Werkzeug beim Aufbau des Kindes zum Menschen. Wie oft würden wir Erwachsenen gerne wissen, was im Kopf eines Säuglings oder Kleinkindes vorgeht. Wir nehmen wahr, daß es beobachtet, erkennen Reaktionen seiner Muskeln, entdecken ein zufriedenes Lächeln oder lauschen auf die Laute, die es produziert. Aber all diese Geheimnisse können wir nicht lüften. Maria Montessori fordert uns auf, den kindlichen Geist bei seiner Entwicklung zu unterstützen, und erwartet eine „intelligente Behandlung des Kindes", eine Unterstützung der schöpferischen Energien des Kindes. Wir müssen also unsere Erziehungsprinzipien gewaltig verändern und Erziehung verstehen als Hilfe für das Leben des Kindes. Sie darf eben nicht der Zweck sein, um das Kind unseren Vorstellungen gemäß zu „entwickeln" und ihm unsere Ideen, Taten und Worte aufzudrängen.

Wir müssen begreifen, daß wir den kindlichen Geist nicht durch einen reinen „Wortunterricht" ansprechen können, sondern dem Kind Anregung und Freiheit, Freiheit für seine Entwicklung geben müssen. Vielleicht nehmen Sie sich einmal Zeit nachzudenken, was Ihnen aus Ihrer Kindheit ganz besonders in Erinnerung geblieben ist. Vielleicht ist es eine besondere zwischenmenschliche Beziehung, ein Erlebnis, das mit dem „großen" Lernen kaum etwas zu tun hat. Eine solche Reflexion mag zu einem besseren Verständnis des Kindes führen und uns deutlich machen, daß mehr „Zurückhaltung" in der

Erziehung notwendig ist, damit das Kind sich in rechter Weise entfalten kann.

3.8 Nachahmung

„Wenn man wünscht, daß das Kind einmal Pianist wird, weiß jeder, daß es nicht genügt, einen Klavierspieler nachzuahmen. Das Kind muß seine Hände vorbereiten, um die zum Spiel nötige Geschicklichkeit zu erlangen. Und doch lassen wir uns oft von dieser einfältigen Überlegung der Nachahmung bei Fragen leiten, die auf weit höherem Niveau liegen. Wir lesen vor oder erzählen dem Kind Geschichten von Helden und Heiligen und meinen, es könnte dadurch beeindruckt werden: Aber das ist unmöglich, wenn sein Geist nicht entsprechend vorbereitet wird. Man wird nicht groß durch einfache Nachahmung. Das Beispiel kann Anregung und Interesse erwecken, der Wunsch zur Nachahmung kann zur Anstrengung anregen, aber auch um das alles zu verwirklichen, ist es notwendig, vorbereitet zu sein, da im Bereich der Erziehung die Natur bewiesen hat, daß ohne Vorbereitung Nachahmung nicht möglich ist. Die Anstrengung zielt nicht auf die Nachahmung, sondern darauf, *in sich selbst die Möglichkeit zur Nachahmung zu schaffen*, sich selbst auf die gewünschte Weise zu verändern. Daher ist in jedem Fall die indirekte Vorbereitung von Bedeutung. Die Natur gibt uns nicht nur das Vermögen, nachzuahmen, sondern auch das, zu werden wie das Vorbild; und wenn wir Erzieher an die Möglichkeit glauben, dem Leben bei seiner Entwicklung helfen zu können, müssen wir wissen, wo diese Hilfe angesetzt werden muß.

Beobachten wir ein Kind dieses Alters, so stellen wir fest, daß es zu bestimmten Tätigkeiten neigt. Sie können uns absurd erscheinen, aber das zählt nicht: das Kind muß sie zu Ende führen. Bestimmte Tätigkeiten werden von der Lebenskraft befohlen; wird der Zyklus dieser Anregungen unterbrochen, ergeben sich daraus Abweichungen und Mangel an Willenskraft. Der Möglichkeit, die Zyklen der Aktivität zu Ende zu führen, sowie der indirekten Vorbereitung wird heute eine große Bedeutung beigemessen. Das *ist* im eigentlichen Sinne indirekte Vorbereitung. Unser ganzes Leben ist eine indirekte Vorbereitung auf die Zukunft. Im Leben derer, die etwas Besonderes geleistet haben, hat es stets eine Periode gegeben, die der Vollendung des Werkes vorangegangen ist. Sie braucht nicht auf der gleichen Ebene mit dem angestrebten Ziel zu liegen, aber zweifellos hat eine intensive Anstrengung stattgefunden auf irgendeiner Ebene, die dem Geist eine Vorbereitung ermöglicht hat, und diese Anstrengung hat sich voll entfalten müssen: der Zyklus muß vollendet werden. Somit dürfen wir uns in keinerlei intelligente Tätigkeit, die wir beim Kind beobachten, einmischen, auch wenn sie uns widersinnig erscheint oder unseren Wünschen entgegensteht (natürlich darf sie nicht dem Kind schaden), denn das Kind muß den Zyklus der eigenen Tätigkeit vollenden. Kinder dieses Alters zeigen interessante Weisen, ihre Ziele zu erreichen. Wir können Kinder unter zwei Jahren beobachten, die ohne offensichtlichen Grund Gewichte tragen, die weit über ihre Kräfte gehen. Im Haus von Freunden, wo schwere Pakete standen, sah ich ein eineinhalbjähriges Kind, das sich mit sichtbarer Anstrengung bemühte, diese Pakete von einer Zimmerecke in die andere zu tragen. Die Kinder helfen gern beim Tischdecken und tragen in den Armen so große Brotlaibe, daß sie ihre Füße nicht mehr sehen können. Sie werden in dieser Tätigkeit, Gegenstände hin und her zu tragen, fortfahren, bis sie müde sind. Im allgemeinen reagieren die Erwachsenen darauf, indem sie das Kind von dem Gewicht befreien, aber die Psychologen haben sich davon überzeugt, daß diese ‚Hilfe', die den Zyklus der vom Kind gewählten Tätigkeit unterbricht, eine der gröbsten Unterdrükkungen ist, die begangen werden können. Die Störungen vieler ‚schwieriger' Kinder können in diesen Unterbrechungen ihre Ursache haben.

Eine andere Anstrengung, zu der das Kind neigt, ist das Treppensteigen. Für uns hat das einen Zweck, für das Kind nicht. Wenn es oben angekommen ist, wird es nicht befriedigt sein, sondern wird zum Ausgangspunkt zurückkehren, um den Zyklus zu vollenden; es wird das viele Male wiederholen. Die Rutschbahnen aus Holz oder Zement, denen wir auf den Kinderspielplätzen begegnen, bieten Gelegenheit für diese Aktivität; es geht nicht um die Rutschbahn, sondern um die Freude des Hinaufkletterns und die Freude an der Anstrengung.

Es ist so schwierig, Erwachsene zu finden, die sich nicht in eine Tätigkeit des Kindes einmischen, daß alle Psychologen auf der Zweckmäßigkeit bestehen, den Kindern Plätze einzuräumen, wo sie ungestört arbeiten können."

(Aus: Maria Montessori, Das kreative Kind, S. 143ff.)

Viele Eltern und Erzieherinnen unterliegen der Meinung, daß, wenn sie einem Kind etwas nur oft genug zeigen, es dieses nachahmen wird und folglich bald richtig beherrscht. Aber gefehlt, das Kind geht seine eigenen Wege, hat seinen eigenen Rhythmus bzw. Zyklus und erreicht sein Ziel dennoch. Vielleicht wird es länger dauern. Das ist nicht das Problem des Kindes, sondern vielmehr unsere Ungeduld und unser Unverständnis, also unser Problem. Wenn wir davon ausgehen, daß Kinder schöpferisch lernen, dann brauchen sie ihre eigenen Wege und Methoden. Wir dürfen nur eingreifen, wenn ernsthaft Gefahr für das Kind besteht. Mit jeder unnötigen Unterbrechung oder Unterdrückung der kindlichen Aktivität stören wir seinen Arbeitsprozeß und legen den Grundstock für eine Vielzahl von Störungen bis hin zu gravierenden Verhaltensauffälligkeiten.

Schöpferisch lernen heißt selbständig lernen, lernen durch eigenes Tun. Das Kind schöpft aus sich heraus, aus seinen Ideen und Fähigkeiten, orientiert an seinen Zielvorstellungen. Montessori hat recht, wenn sie sagt: „Es ist so schwierig, Erwachsene zu finden, die sich nicht in eine Tätigkeit des Kindes einmischen." Jeder Erwachsene müßte von sich selbst wissen, wie wenig es motiviert, wenn die Arbeit immer wieder unterbrochen wird, wenn Vorgesetzte immer meinen, alles besser zu wissen und, wie es hingegen Spaß macht, selbst Dinge zu entwickeln, Entscheidungen vorzubereiten und zu treffen. Warum also gehen wir mit dem kleinen Kind so dirigistisch und bevormundend um? Dem Kind Raum zu geben für schöpferisches Lernen und Freiräume für seine Entfaltung hat keineswegs etwas mit antiautoritärer Erziehung oder Laissez-faire zu tun. Vielmehr helfen wir ihm auf dem Weg zu einem selbständigen und selbstverantwortlichen Mitglied der Gesellschaft.

3.9 Die Vorbereitung der Montessori-Lehrerin

„Der erste Schritt für eine Montessori-Lehrerin ist die Selbstvorbereitung. Sie muß ihr Vorstellungsvermögen wachhalten, denn in den traditionellen Schulen kennt der Lehrer das unmittelbare Verhalten seiner Schüler und weiß, daß er auf sie aufpassen und was er tun muß, um sie zu unterrichten, während die Montessori-Lehrerin ein Kind vor sich hat, das sozusagen noch nicht existiert. Das ist der prinzipielle Unterschied. Die Lehrerinnen, die in unsere Schulen kommen, müssen eine Art Glauben haben, *daß sich das Kind offenbaren wird* durch die Arbeit. Sie müssen sich von jeder vorgefaßten Meinung lösen, die das Niveau betrifft, auf dem sich die Kinder befinden können. Die verschiedenen mehr oder weniger abgewichenen Typen dürfen sie nicht stören: Sie muß in ihrer Vorstellung den anderen Typ des Kindes sehen, der in einem geistigen Bereich lebt. Die Lehrerin muß daran glauben, daß das Kind, das sie vor sich hat, seine wahre Natur zeigen wird, wenn es eine Arbeit gefunden hat, die es anzieht. Um was soll sie sich also bemühen? Daß das eine oder andere Kind beginnen möge, sich zu konzentrieren. Um das zu erreichen, muß sie ihre Energien aufwenden; ihre Tätigkeit wird von einem Stadium zum anderen wechseln wie in einer geistigen Entwicklung. Für gewöhnlich gibt es drei Aspekte bei ihrem Verhalten.

Erstes Stadium: Die Lehrerin wird zum Wächter und zum Aufseher der Umgebung; sie konzentriert sich auf die Umgebung, anstatt sich von der Unruhe der Kinder ablenken zu lassen. Sie konzentriert sich auf die Umgebung, weil von ihr die Genesung und die Anziehungskraft, die den Willen der Kinder polarisieren wird, ausgehen sollen ...

Die erste Aufgabe der Lehrerin besteht also darin, vor allen anderen Dingen die Umgebung zu pflegen. Das ist eine indirekte Arbeit, und wenn die Umgebung nicht gut gepflegt ist, wird es weder auf physischem noch intellektuellem oder spirituellem Gebiet wirkungsvolle und dauerhafte Ergebnisse geben.

Zweites Stadium: Nachdem wir die Umgebung betrachtet haben, kommen wir zum Verhalten den Kindern gegenüber. Was können wir mit diesen ungeordneten Wesen tun, mit diesem verwirrten und unsicheren Verstand, den wir auf eine Arbeit lenken und konzentrieren wollen? Ich benutze manchmal ein Wort, das nicht immer geschätzt wird: Die Lehrerin muß verführerisch sein, sie muß die Kinder anziehen. Wenn die Umgebung vernachlässigt wäre, die Möbel staubig, das Material abgekratzt und in Unordnung und wenn die Lehrerin in ihrem Äußeren und ihrem Auftreten ungepflegt wäre – und zu den Kindern unfreundlich –, würde die wesentliche Grundlage für ihre Aufgabe, zu der sie bestimmt ist, fehlen. In der Anfangsperiode, wenn die erste Konzentration noch nicht eingetreten ist, muß die Lehrerin wie eine Flamme sein, deren Wärme aktiviert, lebendig macht und einlädt ...

Die Lehrerin, die die Kinder begeistert, weckt ihr Interesse durch verschiedene Übungen, und wenn diese auch an sich nicht bedeutend sind, haben sie doch den Vorteil, das Kind anzuziehen. Die Praxis hat bewiesen, daß eine lebhafte Lehrerin anziehender ist als eine andere – und alle können lebhaft sein, wenn sie wollen. Jeder kann mit fröhlicher Stimme sagen: ‚Warum stellen wir heute die Möbel nicht auf einen anderen Fleck?' und mit den Kindern arbeiten, indem sie alle ermutigt und alle anerkennt und eine einnehmende Fröhlichkeit an den Tag legt. Oder: ‚Wie wär's, wenn wir die schöne Messingvase putzen würden?' Oder auch: ‚Wollen wir nicht in den Garten gehen und ein paar Blumen pflücken?' Jede Handlung der Lehrerin kann für das Kind ein Aufruf und eine Einladung werden.

Das ist der zweite Aspekt beim Verhalten der Lehrerin. Wenn während dieser Periode einige Kinder fortfahren, die anderen zu belästigen, wird es das einfachste sein, sie dabei zu unterbrechen. Während wir wiederholt gesagt haben, daß man nicht eingreifen darf, wenn ein Kind auf seine Arbeit konzentriert ist, um nicht den Zyklus seiner Aktivität zu unterbrechen und seine volle Entfaltung zu verhindern, ist in diesem Fall die entgegengesetzte Technik gerade die richtige: den Lauf der störenden Aktivität unterbrechen. Die Unterbrechung kann in irgendeinem Ausruf bestehen oder indem dem ungestümen Kind eine besonders liebevolle Aufmerksamkeit gezeigt wird. Diese ablenkenden Beweise der Zuneigung, die sich vermehren mit dem Vermehren der störenden Handlungen, werden für das Kind wie eine Reihe von Elektroschocks sein, die mit der Zeit ihre Wirkung haben. Der Eingriff der Lehrerin kann etwa so aussehen: ‚Wie geht's, Hans? Komm zu mir, ich habe etwas zu tun für dich.' Wahrscheinlich wird Hans nichts davon wissen wollen, und die Lehrerin wird sagen: ‚Gefällt es dir nicht? Na, das macht nichts, dann gehen wir zusammen in den Garten', und die Lehrerin wird mit ihm gehen oder ihn von der Helferin begleiten lassen; so wird das Kind mit seinen Launen direkt der Helferin anvertraut, und die anderen Kinder werden nicht mehr gestört.

Drittes Stadium: Endlich kommt die Zeit, in der die Kinder beginnen, sich für etwas zu interessieren: Im allgemeinen sind es Übungen des praktischen Lebens, denn die Erfahrung hat bewiesen, daß es zwecklos und schädlich ist, den Kindern Material zur sensorischen und kulturellen Entwicklung zu geben, bevor sie den daraus erwachsenden Nutzen ziehen können.

Um dieses Material einführen zu können, muß man den Zeitpunkt abwarten, zu welchem sich die Kinder auf irgend etwas konzentriert haben. Wie ich bereits gesagt habe, geschieht das durch die Übungen des praktischen Lebens. Wenn das Kind beginnt, sich für eine dieser Übungen zu interessieren, darf die Lehrerin es *nicht* unterbrechen, denn dieses Interesse entspricht den natürlichen Gesetzen und eröffnet einen Zyklus von Aktivität. Aber der Beginn ist so zerbrechlich, so fein, daß eine Berührung genügt, ihn verschwinden zu lassen wie eine Seifenblase und damit die ganze Schönheit dieses Augenblicks.

Die Lehrerin muß sehr aufmerksam sein: Nicht eingreifen bedeutet *in keiner Form* eingreifen. Hier macht die Lehrerin oft Fehler. Das Kind, das bis zu einem bestimmten Moment sehr gestört hat, konzentriert sich endlich auf eine Arbeit. Wenn die Lehrerin im Vorbeigehen nur sagt: ‚Gut!' Das genügt, damit das Unheil von neuem beginnt. Vielleicht wird das Kind sich zwei Wochen hindurch für keine andere Arbeit interessieren. Ebenso, wenn ein anderes Kind auf Schwierigkeiten stößt und die Lehrerin helfend eingreift, wird es die Arbeit ihr überlassen und weggehen. Das Interesse des Kindes konzentriert sich nicht nur auf die Arbeit, sondern öfters auf den Wunsch, *die Schwierigkeiten zu überwinden*. ‚Wenn die Lehrerin sie für mich überwindet, dann soll sie es machen, mich interessiert es nicht mehr.' Wenn das Kind schwere Gegenstände hebt und die Lehrerin eingreift, um ihm zu helfen, geschieht es oft, daß das Kind den Gegenstand der Lehrerin überläßt und weggeht. Lob, Hilfe und auch nur ein Blick können genügen, um es zu unterbrechen oder die Aktivität zu zerstören. Es hört sich eigenartig an, aber das kann geschehen, auch wenn sich das Kind nur beobachtet fühlt. Schließlich passiert es uns auch, daß wir nicht mit einer Arbeit fortfahren können, wenn jemand kommt und zuschaut, was wir tun. Das Prinzip, das der Lehrerin zum Erfolg hilft, ist folgendes: Sobald die Konzentration beginnt, muß sie tun, als ob das Kind nicht existiere. Sie kann natürlich schauen, was das Kind tut, aber mit einem schnellen Blick, ohne daß sie es merken läßt. Danach wird das Kind, das nicht mehr von der Langeweile von einem Gegenstand zum anderen getrieben wird, ohne sich zu konzentrieren, von einem Vorsatz geleitet, beginnen, seine Arbeit auszuwählen. Das kann in einer Klasse, wo viele Kinder das gleiche Material wünschen, ein Problem darstellen. Auch in die Lösung dieses Problems darf nicht eingegriffen werden, wenn es nicht verlangt wird: Die Kinder lösen es allein. Die Lehrerin hat nur die Aufgabe, neue Gegenstände zu zeigen, wenn sie merkt, daß die Kinder alle möglichen Tätigkeiten mit den zuvor benutzten erschöpft haben.

Die Fähigkeit der Lehrerin, nicht einzugreifen, kommt wie alle anderen mit der Praxis, aber nicht mit der gleichen Leichtigkeit. Sie muß sich zu geistiger Größe erheben. Die wirkliche Geistigkeit besteht darin, zu verstehen, daß auch Hilfe Hochmut sein kann.

Die wahre Hilfe, die eine Lehrerin geben kann, liegt nicht im Befolgen eines impulsiven Gefühls, sondern entspringt der disziplinierten Liebe, die mit Verstand angewandt wird, denn die Liebe gibt größere Genugtuung dem, der sie gibt, als dem, der sie empfängt. Die wirkliche Liebe dient den Armen, ohne sich zu erkennen zu geben, und wenn sie entdeckt wird, gibt sie sich nicht als Hilfe, sondern als eine natürliche, spontane Handlung aus …

Was ist für die so veränderte Lehrerin das beste Zeichen ihres Erfolges? Wenn sie sagen kann: ‚Die Kinder arbeiten jetzt, als ob ich nicht da wäre.'

Vor ihrer Umwandlung empfand sie das Gegenteil; sie empfand, daß sie es sei, die lehrte, daß sie es sei, die die Kinder von einem niederen auf ein höheres Niveau brachte; aber jetzt, angesichts der Äußerungen des kindlichen Geistes, drückt sich der höchste Wert, den sie ihrem Beitrag beimißt, in den folgenden Worten aus: ‚Ich habe diesem Leben dazu verholfen, seine Schöpfung zu vollbringen', und das ist wirkliche Genugtuung. Die Lehrerin der Kinder bis zu sechs Jahren weiß, daß sie dem Menschsein in einer wesentlichen Periode seiner Bildung geholfen hat. Sie braucht nicht unbedingt die materiellen Bedürfnisse der Kinder zu kennen, obwohl sie einige erfahren wird, denn die Kinder selbst werden sie ihr frei heraus sagen; sie braucht sich auch nicht dafür zu interessieren, was mit diesen Kindern später geschehen wird, ob sie höhere Schulen und die Universität besuchen werden oder ob sie ihr Studium früher abbrechen. Aber sie ist froh darüber, zu wissen, daß sie in der formativen Periode das vollenden konnte, was sie mußten."

(Aus: Maria Montessori, Das kreative Kind, S. 249ff.)

Viele der vorausgegangenen Ausführungen zur Montessori-Pädagogik weisen darauf hin, daß wir andere Erzieherinnen/Lehrerinnen brauchen, daß professionelle Erzieherinnen und Eltern ihr Erziehungsverhalten kritisch prüfen und in vielen Punkten verändern müssen. Maria Montessori spricht immer wieder von der neuen Lehrerin, die ganz neue Verhaltensweisen zeigen muß. Sie sorgt für eine ansprechende Umgebung, sie begeistert Kinder und fordert sie zum Tun auf. Dann hat sie es erreicht: Das Kind interessiert sich und will selbst experimentieren, ausprobieren, einfach tätig werden. Dies alles gilt auch für die Erziehung in der Familie. Nur, wir verhalten uns gar zu unverständlich für das Kind. Viele widersprüchliche Äußerungen müssen es geradezu verwirren: Was soll das Kind spielen? Wenn es endlich in sein Spiel vertieft ist, soll es aufräumen. Gestern durfte es hier spielen, heute ist es nicht erlaubt. Der Ablauf zeigt: Das Kind ist in sein Spiel versunken, wir stören es, wir unterbrechen sein Spiel und werden ärgerlich, weil es dann sein Spiel nicht mehr aufnimmt.

Wir Erwachsenen müssen lernen, uns überflüssig zu machen. Das heißt nicht, daß wir die Kinder sich selbst überlassen sollen. Unsere Aufgabe, die wirklich anspruchsvoll ist, ist es, die Umgebung vorzubereiten, eine gute und harmonische Atmosphäre zu schaffen, die Kinder zu beobachten und zu reflektieren, was sie tun, wie sie sich verhalten und ob unsere Vorbereitungen angemessen waren. Vielleicht ist es auch an der Zeit, daß uns als Eltern oder Erzieherinnen bewußt wird, daß wir von den Kindern lernen können, daß sie Lehrmeister für uns Erwachsene sind. Wenn wir uns auf diese Weise scheinbar weniger um die Kinder kümmern, erfahren sie deshalb nicht weniger Liebe oder Zuneigung. Denn Kinder spüren, daß wir Teil des Lebens um sie herum sind. Sie beobachten uns kritisch und nehmen wahr, ob wir ganz bei der Sache sind, ob wir Interesse an ihnen haben, ob wir uns Mühe mit ihnen geben, sie verstehen, sie wahrnehmen und begleiten. All dies wird heute viel zu kurz oder nur „oberflächlich" beachtet. Sichtbares, Überprüfbares rückt hingegen in den Vordergrund und bestimmt unser Verhalten. Damit entfernen wir uns aber gleichzeitig von diesen wichtigsten Werten des Menschen und seinen Grundbedürfnissen.

3.10 Der Fehler und seine Kontrolle

„Was auch immer in der Schule von Lehrern, Kindern oder anderen getan wird, immer treten Fehler auf. Im Leben der Schule muß das Prinzip eingeführt werden, daß nicht das *Korrigieren*, sondern *die individuelle Kontrolle* des Fehlers von Bedeutung ist, die uns darauf hinweist, ob wir recht haben oder nicht. Ich muß wissen, ob ich gut gearbeitet habe oder schlecht, und wenn ich vorher den Fehler leichtgenommen habe, wird er jetzt interessant für mich. In den normalen Schulen macht ein Schüler Fehler, ohne es zu wissen, unbewußt und mit Gleichgültigkeit, denn er muß ja nicht seine eigenen Fehler korrigieren, sondern das ist Aufgabe des Lehrers. Wie weit ist dieses Vorgehen vom Bereich der Freiheit entfernt! Wenn ich nicht die Fähigkeit habe, meine Fehler zu kontrollieren, muß ich mich an jemand anders wenden, der es möglicherweise nicht besser kann als ich. Wieviel wichtiger ist es, seine Fehler zu kennen und sie kontrollieren zu können. Die Erkenntnis, daß wir einen Fehler begehen können und ihn ohne Hilfe sehen und kontrollieren können, ist eine der größten Errungenschaften der psychischen Freiheit. Wenn es etwas gibt, das den Charakter unentschlossen macht, dann ist es die Tatsache, nicht etwas ohne fremde Hilfe kontrollieren zu können. Daraus entspringt ein Minderwertigkeitsgefühl, das sich in einem Mangel an Selbstvertrauen auswirkt. Die Kontrolle des Fehlers wird zur Richtschnur, die zeigt, ob wir uns auf dem rechten Weg befinden.

Angenommen, ich will irgendwohin gehen und kenne den Weg nicht, was oft im Leben passiert. Um sicher zu sein, werde ich eine Landkarte mitnehmen, und längs der Straße werde ich Schilder antreffen, die mir anzeigen, wo ich mich befinde. Ich kann ein Schild gesehen haben mit der Aufschrift: ‚Ahmedabad zwei Meilen'. Wenn ich hingegen plötzlich ein Schild sehe, was besagt: ‚Bombay 50 Meilen', merke ich, daß ich mich geirrt habe. Die Karte und die Beschilderung haben mir geholfen. Wenn ich die Karte nicht gehabt hätte, hätte ich fragen müssen und hätte widersprüchliche Auskünfte erhalten. Ohne Führer oder Kontrolle ist ein Vorankommen unmöglich.

Was also bei den positiven Wissenschaften und im praktischen Leben notwendig ist, muß in der Erziehung von Beginn an als Notwendigkeit vorausgesetzt werden: die Möglichkeit den Fehler zu kontrollieren. So ist *zugleich* mit dem Unterricht und dem Material die Fehlerkontrolle wesentlich. Die Möglichkeit fortzuschreiten liegt zum großen Teil in der Freiheit, in einem sicheren Weg und in der Fähigkeit, selbst festzustellen, wenn wir einen Fehler begangen haben. Wenn es uns gelingt, in der Schule und im praktischen Leben diesem Prinzip zu folgen, kommt es nicht darauf an, ob der Lehrer oder die Mutter vollkommen sind oder nicht. Die von den Erwachsenen begangenen Fehler haben etwas Interessantes an sich, und die Kinder nehmen daran Anteil, aber mit vollkommenem Abstand. Es wird für sie ein Aspekt der Natur, und die Tatsache, daß sich alle irren können, erweckt in ihrem Herzen eine große Zuneigung: Es ist eine neue Ursache für die Einheit zwischen Mutter und Kind. Die Fehler bringen uns näher und machen uns zu Freunden. Die Brüderlichkeit entsteht eher auf dem Weg der Fehler als auf dem der Perfektion. Wenn jemand perfekt ist, kann er sich nicht mehr ändern. Wenn zwei perfekte Personen zusammen sind, streiten sie sich meistens, weil es keine Möglichkeit mehr gibt, sich zu ändern und sich zu verstehen.

Betrachten wir zum Beispiel eine der ersten Übungen der Kinder mit dem Material. Es gibt Zylinder, die alle gleich hoch sind, aber mit unterschiedlichem Durchmesser, die sich in Blöcke mit entsprechenden Öffnungen einfügen lassen. Die erste Übung besteht darin, zu erkennen, daß sich einer vom anderen unterscheidet; und die zweite darin, sie mit drei Fingern zu halten. Das Kind beginnt, sie in ihren Block zu stekken; aber wenn es fertig ist, merkt es, daß es einen Fehler gemacht hat, denn ein Zylinder ist zu groß für die kleine Öffnung, die übriggeblieben ist; und die anderen wackeln in ihrer Fassung. So betrachtet es sie mit größerer Aufmerksamkeit. Es steht vor dem Problem des als Beweis für den Fehler übriggebliebenen Zylinders. Gerade dadurch wächst sein Interesse an der Übung und läßt es sie öfter wiederholen. Somit verfolgt das genannte Material zwei Zwecke: 1. die Sinne des Kindes zu schärfen, 2. ihm die Möglichkeit zu geben, die Fehler zu kontrollieren.

Unser Material hat die Besonderheit, eine sichtbare und greifbare Fehlerkontrolle zu bieten; ein zweijähriges Kind kann es benutzen, sich Kenntnis über die Fehlerkontrolle aneignen und die Vervollkommnung anstreben. Aufgrund der täglichen Erfahrung durch solche Übungen eignet es sich die Möglichkeit an, seine Fehler zu korrigieren und seiner selbst sicher zu werden. Das bedeutet nicht Vollkommenheit, sonder das Abschätzen der eigenen Möglichkeiten. Dadurch wird es fähig, etwas zu leisten. Es könnte sagen: ‚Ich bin weder vollkommen noch allmächtig, aber ich bin zu diesem fähig, ich kenne meine Kraft, ich weiß auch, daß ich Fehler machen kann und mich korrigieren kann. So kenne ich meinen Weg.' Darin liegen Klugheit, Sicherheit und Erfahrung, sichere Hilfsmittel in Richtung auf die Vollkommenheit. Diese Sicherheit zu erreichen, ist nicht so einfach, wie man es sich vorstellen könnte, noch ist es leicht, den Weg der Vervollkommnung zu beschreiten. Jemandem zu erklären, er sei albern, dumm, mutig, gut oder schlecht, ist eine Art von Verrat. Das Kind muß sich

selbst darüber klarwerden, was es tut; und es ist nötig, ihm mit der Möglichkeit, sich zu entwickeln, auch die an die Hand zu geben, die eigenen Fehler zu kontrollieren."
(Aus: Maria Montessori, Das kreative Kind, S. 223ff.)

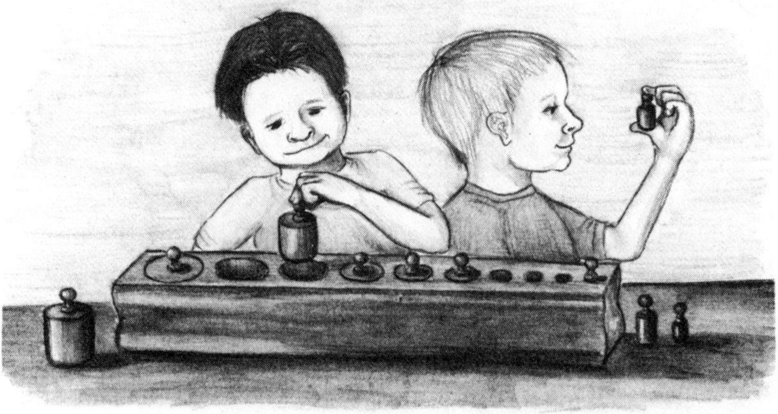

Zylinderblock

Die Arbeit beginnt mit einem Zylinderblock, alle Einsatzzylinder haben die gleiche Höhe. Weitere drei Zylinderblöcke kommen noch hinzu und damit weitere Dimensionen.

Es ist für uns Erwachsene schwer vorstellbar, daß Kinder uns nicht brauchen, um Fehler zu erkennen und diese zu beheben. Viel zu oft greifen wir ein und verhindern schon im voraus, daß Kinder Fehler machen können. Sie brauchen jedoch diese unverzichtbare Erfahrung. Denn nur so lernen sie spielerisch, ihre eigenen Fehler auch zu korrigieren. Dies ist eine recht fremde Sichtweise in unserem Erziehungssystem, denn wird die Lehrerin (Eltern und Erzieherin) dadurch nicht überflüssig? Kinder, die ständig von Erwachsenen kontrolliert werden, entwickeln Minderwertigkeitsgefühle. Schon bevor sie eine

Arbeit beginnen, sagen sie dann oft: „Ich kann das nicht!" Sie haben noch keinen Versuch gemacht, noch keinen der vielen Wege kennengelernt, von denen mit Sicherheit so mancher zum Ziel führen würde. Für viele Erwachsene ist es schwer auszuhalten, wenn Kinder Umwege gehen. Wie oft greifen wir ungeduldig ein: „Komm her, das ist falsch, ich zeig' dir, wie's geht!"

Wir dürfen uns dann nicht wundern, wenn Kinder das Interesse oder die Lust am eigenen schöpferischen Lernen verlieren. Manche Kinder können sich noch wehren: „Laß mich, ich kann es, ich will's allein probieren." Das hat natürlich nichts mit Dickköpfigkeit oder Trotz zu tun. Doch die Übermacht des Erwachsenen siegt über das kindliche Gefühl. Hier hilft Maria Montessori den Kindern durch ihr Material. Kinder eignen sich die Kenntnisse über die Fehlerkontrolle selbst an, sie ist in jedes Material „eingebaut". Das Kind entdeckt so selbst, wenn es sich geirrt hat , und kann die Übungen in aller Ruhe wiederholen – dieses Mal vielleicht einen anderen Lösungweg einschlagen. Was Kinder bei diesem Vorgehen alles lernen, kann in geplanten und linear aufgebauten Unterrichtseinheiten nicht vermittelt werden. Das Material fordert das Kind heraus. Voller Stolz zeigt das Kind dann sein vollendetes Werk: „Ich hab's allein geschafft." Damit dies alles so funktionieren kann, liegt auch an der vorbereiteten Umgebung und an der entsprechenden Bereitstellung des Materials. Die Auswahl orientiert sich dabei an den Fähigkeiten der Kinder. Wenn ein Material überflüssig geworden ist, so bleibt es nicht länger dem Kind zur Verfügung, sondern wird statt dessen durch die nächsthöhere (schwierigere) Stufe ersetzt. Ohne daß Sie im Familienbereich die Montessori-Methode anwenden, können Sie einen derartigen Versuch mit einem ganz normalen Memoryspiel machen. 60 Kartenpaare sind für ein dreijähriges Kind zuviel. Es wird die Lust verlieren. Beginnen wir also mit drei oder vier Kartenpaaren. Das Kind wird seinen Erfolg genießen und das Spiel wiederholen wollen, um dann wieder seinen Sieg feiern zu können. Nach einer gewissen Zeit wird die Zahl der Kartenpaare erhöht ... Irgendwann spielt das Kind das ganze Spiel. Es ist ihm die immer wiederkehrende Frustration erspart geblieben, der Mißerfolg, der aus der Überforderung entstanden wäre. Damit dies gelingen konnte, brauchte es allerdings eine sensibel beobachtende Mutter/Erzieherin/Lehrerin. Wenn es gelingt, Kinder in dieser Weise zu erziehen, dann werden sie fähig, ihre Kräfte und auch ihre Grenzen zu erkennen, sie erlangen Sicherheit und damit verbunden die Freude am Lernen.

3.11 Laufen und Erforschen

„Betrachten wir das zweijährige Kind und sein Bedürfnis zu laufen. Es ist natürlich, daß es die Neigung zum Laufen zeigt. In ihm bereitet sich der Mensch vor, und es müssen sich alle wesentlichen menschlichen Fähigkeiten herausbilden. Ein zweijähriges Kind ist in der Lage, zwei oder drei Kilometer zu laufen und, wenn es ihm gefällt, zu klettern. Die Schwierigkeiten, die es auf seiner Wanderung antrifft, sind das Interessante für das Kind. Man muß sich darüber klarwerden, daß das Laufen für das Kind eine ganz andere Bedeutung hat als für uns. Die Vorstellung, daß das Kind keinen langen Weg zurücklegen kann, beruht darauf, daß wir verlangen, das Kind solle so schnell laufen wie wir. Das ist aber genauso sinnlos, als wollten wir zum Beispiel im gleichen Tempo mit einem Pferd laufen, bis wir atemlos sind, und dieses dann zu uns sagt: ‚Das nützt nichts, steig auf, wir laufen zusammen weiter bis dorthin.' Aber das Kind möchte gar nicht bis dorthin, es möchte einfach laufen; und da seine Beine in keinem Verhältnis zu den unseren stehen, darf nicht das Kind uns, sondern wir müssen ihm folgen. Die Notwendigkeit, dem Kind zu folgen, scheint in diesem Fall klar zu sein. Man darf aber nicht vergessen, daß sie die Regel für die Erziehung kleiner Kinder auf jedem Gebiet ist. Das Kind hat seine Entwicklungsgesetze, und wollen wir ihm bei seinem Wachstum helfen, dürfen wir uns ihm nicht aufdrängen, sondern müssen ihm folgen. Es läuft nicht nur mit den Beinen, sondern auch mit den Augen; es wird durch die interessanten Dinge, die es umgeben, vorwärtsgetrieben. Es läuft, sieht ein Lamm weiden, setzt sich daneben und beobachtet es, dann steht es auf und geht ein Stückchen weiter ... sieht eine Blume und riecht daran ... dann sieht es einen Baum, gelangt bis zu ihm, läuft vier-, fünfmal um ihn herum, setzt sich hin und beschaut ihn. Auf diese Weise kann es ganze Kilometer hinter sich bringen: Diese Spaziergänge sind durch Ruhepausen unterbrochen und gleichzeitig voller interessanter Entdeckungen; trifft das Kind unterwegs irgendein Hindernis an, wie zum Beispiel einen Steinblock, dann ist das Glück vollständig. Auch Wasser zieht es besonders an. Es wird sich an einen Bach setzen und ganz zufrieden ausrufen: ‚Wasser!' Der Erwachsene, der es begleitet und so schnell wie möglich an einen bestimmten Ort gelangen möchte, versteht unter Laufen etwas ganz anderes ...

Die Erziehung muß das laufende Kind als einen *Forscher* betrachten. Das Prinzip des Erforschens (scounting), das heute zur Zerstreuung und Erholung vom Studium dient, müßte hingegen in die Erziehung einbegriffen werden und so früh wie möglich beginnen. Alle Kinder müßten so laufen, geführt von dem, was sie anzieht. In diesem Sinne kann die Erziehung dem Kind helfen, indem sie ihm in der Schule eine Vorbereitung bietet, das heißt, es die Farben lehrt, die Form und die Rippung der Blätter, die Gewohnheiten der Insekten und anderer Tiere usw. All das wird sein Interesse erwecken; je mehr es lernt, um so mehr wird es laufen. Um zu erforschen, muß das Kind von einem geistigen Interesse angeleitet sein, das *wir* ihm geben müssen. Das Laufen ist an sich eine vollständige Übung und verlangt keine weitere Gymnastik. Beim Laufen atmet der Mensch, verdaut besser und genießt alle die Vorteile, die wir beim Sport suchen. Es handelt sich um eine Übung, die die Schönheit des Körpers herausbildet. Findet sich während der Wanderung etwas Interessantes zum Aufheben und näheren Betrachten oder ein Graben, der übersprungen werden muß, oder Feuerholz zum Aufsammeln, so begleiten wir die Wanderung mit diesen Handlungen – und durch das Strecken der Arme und Biegen des Körpers wird die Übung vollständig. Im gleichen Maße, wie der Mensch in seinen Studien fortschreitet, wächst sein geistiges Interesse und mit ihm die Aktivität des Körpers. Der Weg der Erziehung muß dem Weg der Entwicklung folgen: laufen und immer weiter vorausblicken, damit das Leben des Kindes immer reicher werde.

Dieses Prinzip müßte vor allem heute in die Erziehung einbezogen werden, da die Menschen so wenig laufen, sondern sich von vielerlei Fahrzeugen transportieren lassen. Es ist nicht gut, das Leben in zwei Teile zu teilen, indem man die Glieder mit dem Sport und den Kopf mit dem Lesen eines Buches beschäftigt. Das Leben muß ein einziges sein, vor allem in den ersten Jahren, wenn das Kind sich selbst nach dem Plan und den Gesetzen seiner Entwicklung schaffen muß.“

(Aus: Maria Montessori, Das kreative Kind, S. 145ff.)

Es hat sich nicht viel verändert seit der Zeit, als Maria Montessori geschrieben hat: Das Tempo der Erziehung bestimmt meist immer noch nicht das Kind, sondern die Eltern, und diese wiederum sind den gesellschaftlichen Bedingungen ausgeliefert. Wir wünschen uns zwar das selbständige Kind. Doch wenn es etwas in dem ihm eigenen Tempo erledigt, dann treiben wir es an. Wir bestimmen die Ziele. Wie kann ein Kind dann noch forschen? Sie alle kennen die Situation bei einem gemeinsamen Spaziergang. Wir bemühen uns, unser Schritttempo anzupassen. Bald geht es uns zu langsam. „Wenn du dich nicht beeilst, dann kommen wir nie zur Oma.“ „Jetzt reicht's, jetzt ist genug getrödelt, ich nehm' dich auf den Arm, setz' dich in den Wagen!“ Das Kind will doch so gerne laufen, und es gibt auch so viel zu sehen. Vielleicht sollten wir uns einmal ein paar Meter Wegstrecke in die Hocke begeben, um zu sehen bzw. zu erahnen, was das Kind alles sieht. Es sind die kleinen Dinge, das glitzernde Steinchen und nicht der prachtvolle Dom in der Ferne, die interessieren. Würden wir Kindern einmal einen Schrittmesser umbinden, wir wären überrascht über die zahlreichen Kilometer, die sie zurücklegen. Ein Kind läuft anders als wir, im Zickzack, hin und zurück, macht Umwege. Laufen und Forschen gehören für Kinder zusammen. Durch das Laufen kann das Kind nun aus eigener Kraft dorthin zu den interessanten Dingen gelangen, die es näher kennenlernen möchte. Vorher war es auf den „Transport" durch den Erwachsenen angewiesen. Aber leider stören wir den Lauf- und Forscherdrang der Kinder. Mit jedem Schritt tun sich dem Kind neue Welten auf. Es wird reicher, nimmt neue Eindrücke auf, macht eine Vielzahl von Lernerfahrungen. Kinder lernen nicht nur, wenn sie am Tisch sitzen und Bilderbücher betrachten oder mit Papier und Bleistift zugange sind. Kinder sind frei für das Lernen, überall da, wo es Anreize gibt. Und die sind gerade in der Natur ohne Zahl.

3.12 Der Erwachsene als Angeklagter

„Wenn Freud im Zusammenhang mit den tiefsten Ursprüngen der beim Erwachsenen zutage tretenden seelischen Störungen von Unterdrückung spricht, so ist dies an sich bezeichnend genug.

Das Kind kann sich nicht so frei entwickeln, wie es für ein im Wachstum begriffenes Lebewesen erforderlich wäre, und zwar deshalb, weil der Erwachsene es unterdrückt. Das Kind steht isoliert in der menschlichen Gesellschaft da. Wer auf das Kind Einfluß ausübt, ist für dieses nicht im abstrakten Sinne ein Vertreter der Welt des Erwachsenen, sondern verkörpert sich sogleich in derjenigen Person, die ihm am nächsten steht. An erster Stelle ist dies die Mutter, dann folgt der Vater, schließlich jeder andere Lehrer und Erzieher.

Die Aufgabe, die diesen Erwachsenen von der Gesellschaft zugeteilt wurde, ist gerade das Gegenteil von Unterdrückung: Sie sollen das Kind erziehen und weiterbilden. So erwächst aus der seelischen Tiefenforschung eine *Anklage* gegen jene, die bisher für die Behüter und Wohltäter des Menschengeschlechtes galten. Sie alle werden plötzlich zu *Angeklagten*, und da so ziemlich alle Menschen Väter und Mütter sind und die Zahl der Lehrer und Erzieher groß ist, erweitert sich diese Anklage auf den Erwachsenen schlechthin, auf die menschliche Gesellschaft, die für die Kinder verantwortlich ist. Es ist etwas Apokalyptisches an dieser überraschenden Anklage, so als riefe die geheimnisvolle und schreckliche Stimme des Jüngsten Gerichtes: ‚Was habt ihr mit den euch anvertrauten Kindern getan?'

Man ist geneigt, sich zu verteidigen, zu protestieren: ‚Wir haben unser möglichstes getan! Wir lieben die Kinder, wir haben für ihre Pflege jedes Opfer gebracht!' In Wirklichkeit aber stehen zwei einander widersprechende Auffassungen da, von denen die eine bewußt ist, die andere jedoch aus dem Unterbewußten emporsteigt. Wir kennen die Argumente, mit denen der Erwachsene sich verteidigt; sie sind uralt, tief eingewurzelt und daher uninteressant. Viel interessanter ist die Anklage, besser gesagt, der Angeklagte selbst – jener Erwachsene, der sich eifrig zu schaffen macht, um Pflege und Erziehung der Kinder zu verbessern, und sich dabei immer tiefer in einem Irrgarten auswegloser Probleme verliert. Dies darum, weil er den *Irrtum* nicht kennt, den er in sich selbst trägt.

Wer für das Kind eintritt, muß dauernd diese anklagende Haltung gegen den Erwachsenen einnehmen und darf hierbei weder Nachsicht walten lassen noch Ausnahmen machen ...

Wollen wir nun das Kind anders behandeln als bisher und wollen wir es vor Konflikten bewahren, die sein Seelenleben gefährden, so ist zuvor ein grundlegender, wesentlicher Schritt erforderlich, von dem alles Weitere abhängt: Es gilt, den Erwachsenen zu ändern. Dieser Erwachsene behauptet ja, bereits sein möglichstes zu tun, das Kind zu lieben, ihm jedes Opfer zu bringen. Damit gesteht er, an der Grenze seiner bewußten Fähigkeiten angelangt zu sein, und es bleibt ihm somit nichts anderes übrig, als den Schritt über den Bereich des Bekannten, Willentlichen und Bewußten hinaus zu versuchen.

Unbekanntes gibt es auch im Kinde. Von einem Teil seines Seelenlebens haben wir bisher nichts gewußt, und diesen gilt es zu erforschen. Es sind da wesentliche Entdeckungen zu machen, denn es gibt nicht nur das Kind, das von Psychologen und Erziehern beobachtet und studiert worden ist; es gibt auch ein von niemandem beachtetes Kind – beide in derselben Person. Dieses verborgene und verkannte Kind gilt es ausfindig zu machen, und dazu bedarf es einer Begeisterung und Opferwilligkeit ähnlich jener, mit der die Goldsucher in die fernsten Länder vordringen. Alle Erwachsenen müssen an diesem Entdeckerwerk mithelfen, ohne Unterschied des Standes, der Rasse oder der Nation; handelt es sich doch um nichts Geringeres als um die Auffindung eines für den moralischen Fortschritt der Menschheit *unerläßlichen Elements.*

Bisher hat der Erwachsene das Kind und den Halbwüchsigen nicht verstanden, und deshalb liegt er mit ihnen in ständigem Kampfe. Das kann nicht dadurch anders werden, daß der Erwachsene mit der Vernunft neue Kenntnisse erwirbt, daß er gewisse Bildungsmängel beseitigt. Nein, es handelt sich darum, einen völlig anderen Ausgangspunkt zu finden. Der Erwachsene muß den in ihm selber liegenden, bisher unbekannten Irrtum entdecken, der ihn daran hindert, *das Kind richtig zu sehen.* Kein Schritt nach vorwärts ist möglich, solange diese vorbereitende Erkenntnis nicht gewonnen ist und solange wir nicht die Haltungen erworben haben, die sich aus ihr ergeben ...

Der Erwachsene ist in seinem Verhältnis zum Kind egozentrisch – nicht egoistisch, aber egozentrisch. Alles, was die Seele des Kindes angeht, beurteilt er nach seinen eigenen Maßstäben, und dies muß zu einem immer größeren Unverständnis führen. Von diesem Blickpunkt aus erscheint ihm das Kind als ein *leeres* Wesen, das der Erwachsene mit etwas anzufüllen berufen ist, als ein *träges und unfähiges* Wesen, dem er jegliche Verrichtung abnehmen muß, als ein Wesen *ohne innere Führung,* das der Führung durch den Erwachsenen bedarf. Schließlich fühlt sich der Erwachsene als Schöpfer des Kindes und beurteilt Gut und Böse der Handlungen des Kindes nach dessen Beziehungen zu ihm selbst. So wird der Erwachsene zum Maßstab von Gut und Böse. Er ist unfehlbar, nach seinem Vorbild hat sich das Kind zu richten, und alles im Kinde, was vom Charakter des Erwachsenen abweicht, gilt als ein Fehler, den der Erwachsene eilends zu korrigieren sucht.

Mit einem solchen Verhalten glaubt der Erwachsene um das Wohl des Kindes eifrig, voll Liebe und Opferbereitschaft besorgt zu sein. In Wirklichkeit aber *löscht er damit die Persönlichkeit des Kindes aus.*"

(Aus: Maria Montessori, Kinder sind anders, S. 23ff.)

Hier wendet sich Maria Montessori direkt an den Erwachsenen und klagt ihn der Unterdrückung des Kindes an. Sie beschuldigt den Erwachsenen, seinen Einfluß auszunutzen. Es entstehen Gegensätze – auf der einen Seite Bilden und Erziehen, auf der anderen Seite Macht und Einflußnahme. So fordert Maria Montessori, daß die Erwachsenen sich ändern. Sie fordert auch den neuen Lehrer, geht aber mit der Verallgemeinerung auf alle Erwachsenen noch viel weiter. Ob sie je daran gedacht hat, wie wenig Aufmerksamkeit der durchschnittliche Erwachsene einem Kind widmet? Wie viele Erwachsene gehen am Leiden der Kinder vorbei, erklären Kinderprobleme für unbedeutend? Wie viele Erwachsene nützen ihre Macht und die Abhängigkeit eines Kindes, um es körperlich und seelisch zu mißhandeln? Subjektive Beurteilung von Kindern schadet Kindern oft. Weil ein Verhalten einen bestimmten Erwachsenen stört, verurteilt er ein Kind bzw. stempelt es ab „als verhaltensauffällig, trotzig ..." Ob er je darüber nachgedacht hat, daß es an ihm selbst liegen könnte, wenn er etwa seine Abneigung dem Kind gegenüber in Nörgeln ausdrückt und dem Kind negative Verhaltensweisen zuschreibt?

Eltern sind erziehungsberechtigt. Sie haben damit das Recht, die Aufgabe und die Pflicht, Kinder zu erziehen. Das Kind hat ein Recht auf freie Entfaltung und Entwicklung, sein Wohl muß gesichert werden. Was das Wohl des Kindes bedeutet, wird jedoch wiederum vom Erwachsenen definiert.

Kinder signalisieren, wenn in und mit ihrer Umwelt etwas nicht stimmt. Durch ihre Auffälligkeiten machen sie auf sich aufmerksam. Was wollen sie sagen? „Ich brauche mehr Zuneigung, warum hast du nicht mehr Zeit für mich? Ich brauch' dich, hilf mir! Es geht mir nicht gut, ich leide unter der Trennung …" Leider aber verstehen viele Erwachsene diese Hilferufe der Kinder nicht, sondern interpretieren sie vielmehr als Aggression.

Die Bemerkung „Wo kämen wir denn hin, wenn das Kind nach seinem eigenen Willen entscheiden dürfte? Es muß lernen, wo es langgeht!" sollte uns zu denken geben. Es wird schwierig sein, im Erziehungsalltag immer den goldenen Mittelweg zu finden. Das Kind entdecken ist ein Auftrag, den Maria Montessori uns für den Alltag gibt. Je mehr wir vom Kind entdecken, desto weniger werden wir wohl zu Angeklagten werden. Wir werden das Kind verstehen lernen und seine Entwicklung unterstützen.

Während einer Hospitation in einem Montessori-Kindergarten in Holland konnte ich einige Wochen erleben, wie Kinder anders leben können. Der Erzieherin war es gelungen, ein offenes Klima in einer sensibel vorbereiteten Umgebung zu schaffen. Ich ertappte mich dabei, daß ich mehrfach die Kinder zählte, weil ich nicht glauben wollte, daß 23 Kinder im Raum waren. Es gab eine enge Partnerschaft zwischen Kindern und Erwachsenen. Die Kinder haben mich an ihrem Leben teilhaben lassen und führten mich ein in ihren Alltag. Es war ein schönes Gefühl, von den Kindern derartig aufgenommen zu werden.

Die Aktivitäten der Lehrerin wirkten in keinster Weise wie „Arbeit". Sie war da, beschäftigte sich mit einzelnen Kindern und sorgte für Material und Raum. Es gab keine Befehle, kein Ausschimpfen, keine Verbote. Vielleicht könnte Erziehung noch viel mehr Freude machen, würden wir Erwachsenen uns wirklich verändern und zum Kind hinuntersteigen. Damit würden wir ihm auch die Wege für schöpferisches Lernen eröffnen.

3.13 Der Aufbau der kindlichen Seele

„Die sensiblen Perioden

Schon ehe man von Ausdrucksmitteln sprechen darf, führt die Sensibilität des Kleinkindes zu einem primitiven seelischen Aufbau, der freilich zunächst verborgen bleibt.

Trotz der Ungreifbarkeit dieses frühkindlichen Seelenlebens wäre es irrig, sein Vorhandensein – etwa im Falle der Sprache – zu leugnen. Dies würde zu der Annahme führen, daß die Sprache bereits völlig ausgeformt im kindlichen Geist vorliege, auch wenn die motorischen Organe des Wortes noch nicht ihre Ausdrucksfähigkeit erlangt haben. In Wirklichkeit besteht zunächst lediglich die Anlage zum Hervorbringen einer Sprache. Ähnlich verhält es sich mit der Gesamtheit der seelischen Welt, von der die Sprache ja nur eine äußere Kundgebung darstellt. Im Kinde ist die schöpferische Haltung, die potentielle Energie vorhanden, die es befähigt, auf Grund seiner Umwelteindrücke eine seelische Welt aufzubauen.

Von ganz besonderem Interesse ist für uns die vor kurzem gemachte Entdeckung der Biologie, wonach es in bezug auf die Entwicklung ganz bestimmte Empfänglichkeitsperioden (sensible Perioden) gibt. Worin besteht und wie erfolgt die Entwicklung, das Wachstum eines Lebewesens?

Wenn man von Entwicklung und Wachstum spricht, bezieht man sich auf einen von außen feststellbaren Vorgang, dessen innerer Mechanismus jedoch erst seit kurzem in einigen seiner Einzelheiten ergründet worden ist. Die moderne Forschung hat dazu zwei wesentliche Beiträge geliefert. Der eine von diesen bestand in der Entdeckung der inneren Drüsensekretion, von der das körperliche Wachstum abhängt. Sie hat einen gewaltigen Einfluß auf die Kinderheilkunde ausgeübt und eine dementsprechende Volkstümlichkeit erlangt. Der andere Beitrag bestand in der Erkenntnis, daß es bestimmte Perioden gesteigerter Empfänglichkeit gibt, woraus sich neue Möglichkeiten für das Verständnis des seelischen Wachstums erschließen.

Der holländische Gelehrte De Vries entdeckte die Empfänglichkeitsperioden bei den Tieren, und uns gelang es in unseren Schulen, dieselben ‚sensiblen Perioden' auch in der Entwicklung der Kinder festzustellen und den Zwecken der Erziehung nutzbar zu machen.

Es handelt sich um besondere Empfänglichkeiten, die in der Entwicklung, das heißt im Kindesalter, der Lebewesen auftreten. Sie sind von vorübergehender Dauer und dienen nur dazu, dem Wesen die Erwerbung einer bestimmten Fähigkeit zu ermöglichen. Sobald dies geschehen ist, klingt die betreffende Empfänglichkeit wieder ab. So entwickelt sich jeder Charakterzug auf Grund eines Impulses und während einer eng begrenzten Zeitspanne ...

Hat das Kind aber nicht die Möglichkeit gehabt, gemäß den inneren Direktiven seiner Empfänglichkeitsperioden zu handeln, so hat es die Gelegenheit versäumt, sich auf natürliche Weise eine bestimmte Fähigkeit anzueignen; und diese Gelegenheit ist für immer vorbei.

Was das Kind während seiner psychischen Entwicklung vollbringt, gleicht einem Wunder, und nur darum, weil wir gewohnt sind, dieses Wunder unter unseren Augen sich vollziehen zu sehen, stehen wir ihm ohne Ergriffenheit gegenüber. Wie bringt es das aus dem Nichts gekommene Kind fertig, sich in dieser komplizierten Welt zurechtzufinden? Wie gelangt es dahin, Gegenstand von Gegenstand zu unterscheiden und ohne Lehrer, einfach indem es lebt, eine Sprache mit allen ihren winzigen Besonderheiten zu erlernen? Dies alles vollbringt das Kind, indem es schlicht und froh in den Tag hinein lebt, während der Erwachsene, der sich in einer ihm neuen Umwelt zurechtfinden soll, zahlreicher Hilfen bedarf. Das Erlernen einer neuen Sprache nötigt den Erwachsenen zu harter Arbeit, und dennoch erreicht er niemals die Vollendung, mit der er seine in der Kindheit erworbene Muttersprache beherrscht.

Das Kind macht seine Erwerbungen in seinen Empfänglichkeitsperioden. Diese sind einem Scheinwerfer vergleichbar, der einen bestimmten Bezirk des Inneren taghell erleuchtet, vielleicht auch einem Zustand elektrischer Aufladung. Auf Grund dieser Empfänglichkeit vermag das Kind einen außerordentlich intensiven Zusammenhang zwischen sich und der Außenwelt herzustellen, und von diesem Augenblick an wird ihm alles leicht, begeisternd, lebendig. Jede Anstrengung verwandelt sich in einen Machtzuwachs. Erst wenn während einer solchen Empfänglichkeitsperiode die entsprechende Fähigkeit errungen worden ist, senkt sich ein Schleier der Gleichgültigkeit und Müdigkeit über die Seele des Kindes.

Kaum ist jedoch eine dieser seelischen Leidenschaften erloschen, da entzünden sich auch schon andere Flammen, und so schreitet das Kind von einer Eroberung zur nächsten fort, in einem unablässigen Vibrieren von Lebenskraft, das wir alle kennen und als ‚Freude und Glück der Kindheit' bezeichnen. In dieser herrlichen Geistesflamme, die brennt, ohne zu verzehren, vollzieht sich das Schöpfungswerk des geistigen Menschen. Ist hingegen die Empfänglichkeitsperiode vorbei, so können weitere Errungenschaften nur mit reflektierender Tätigkeit, mit Aufwand von Willenskraft, mit Mühe und Anstrengung gemacht werden; und unter der Stumpfheit wird die Arbeit zu etwas Ermüdendem. Hierin besteht der grundlegende, wesensmäßige Unterschied zwischen der Psychologie des Kindes und der des Erwachsenen. Es gibt also eine besondere innere Lebenskraft, welche die wunderbaren natürlichen Errungenschaften des Kindes erklärt. Stößt das Kind jedoch während einer Empfänglichkeitsperiode auf ein Hindernis für seine Arbeit, so erfolgt in der Seele des Kindes eine Art Zusammenbruch, eine Verbildung ...

Das unbestimmte Wort ‚Launen' dient dazu, sehr verschiedenartige Erscheinungen zu bezeichnen: Für uns ist alles das ‚Laune', was keine erkennbare Ursache hat, was uns unlogisch erscheint und sich doch nicht bezähmen läßt. Auch haben wir feststellen müssen, daß manche dieser ‚Launen' die Tendenz aufweisen, sich mit der Zeit immer weiter zu verstärken – ein klares Anzeichen für das Vorhandensein weiterwirkender Ursachen, für die wir offenbar die Heilmittel nicht gefunden haben.

Mit dem Wissen um die sensiblen Perioden werden uns viele dieser Launen plötzlich verständlich; nicht alle freilich, denn es gibt verschiedene Ursachen für die inneren Kämpfe, und nicht wenige Launen sind ihrerseits bereits Folgen von Abweichungen von der Norm, die durch irrige Behandlung nur immer schlimmer werden. Diejenigen Launen, deren Ursache in den durch die Empfänglichkeitsperioden bewirkten inneren Konflikten zu suchen sind, gehen ebenso rasch vorüber wie jene Empfänglichkeitsperioden selbst und hinterlassen im Charakter des Kindes keine nachhaltigen Spuren. Dagegen ziehen sie die weit schwerwiegendere Folge einer Unvollständigkeit in der Entwicklung nach sich, und das Versäumte läßt sich späterhin bei der endgültigen Festlegung des Charakters nicht mehr nachholen.

Die Launen im Zusammenhang mit einer Empfänglichkeitsperiode stellen den Ausdruck unbefriedigter Bedürfnisse dar und bilden das Alarmzeichen für eine falsche, gefährliche Seelenlage. Sie verschwinden sofort, wenn es uns gelingt, sie zu verstehen und die hinter ihnen verborgenen Bedürfnisse zu befriedigen. Man beobachtet dann eine plötzlich einsetzende Ruhe, die nach den vorausgegangenen Aufregungszuständen geradezu einen krankhaften Eindruck machen kann. Hinter jeder Kundgebung des Kindes, die wir als Laune bezeichnen, muß also eine wirkende Ursache gesucht werden. Diese kann uns, einmal erkannt, dahin führen, tiefer in die geheimnisvollen Gründe der Kinderseele einzudringen, und kann so zur Schaffung eines friedlichen Vertrauensverhältnisses zwischen uns und dem Kinde beitragen.

Einsicht in das Wirken der sensiblen Perioden

Wie durch eine Ritze vermögen wir während der Empfänglichkeitsperiode des Kindes in dessen werdendes Seelenleben hineinzublicken. Wir sehen dann sozusagen die inneren Organe dieser Seele am Werk, psychisches Wachstum hervorzubringen. Dabei zeigt es sich, daß die seelische Entwicklung nicht zufällig erfolgt und nicht von äußeren Eindrücken verursacht wird, sondern von dem Wechsel der Empfänglichkeiten, das heißt von vorübergehend auftretenden Instinkten, mit denen die Erwerbung verschiedener Fähigkeiten verbunden ist. Zwar dient die Umwelt hierbei als Material, aber sie hat für sich allein keine aufbauende Kraft. Sie liefert nur die erforderlichen Mittel, vergleichbar den lebenswichtigen Stoffen, die der Körper durch Verdauung und Atmung von außen her aufnimmt.

Die innere Empfänglichkeit bestimmt, was aus der Vielfalt der Umwelt jeweils aufgenommen werden soll und welche Situationen für das augenblickliche Entwicklungsstadium die vorteilhaftesten sind. Sie ist es, die bewirkt, daß das Kind auf gewisse Dinge achtet und auf andere nicht. Sobald eine solche Empfänglichkeit in der Seele des Kindes aufleuchtet, ist es, als ob ein Lichtstrahl von ihr ausginge, der nur bestimmte Gegenstände erhellt, andere hingegen im Dunkel läßt. Die ganze Wahrnehmungswelle des Kindes beschränkt sich dann mit einem Male auf diesen einen hell erleuchteten Bezirk. Nicht nur, daß das Kind jetzt das lebhafte Bedürfnis empfindet, sich in bestimmte Situationen zu versetzen und bestimmte Dinge um sich zu haben; es entwickelt auch eine besondere, ja einzigartige Fähigkeit, diese Elemente seinem seelischen Wachstum dienstbar zu machen. Während solcher Empfänglichkeitsperioden lernt es etwa, sich in seiner Umwelt zurechtzufinden oder sein motorisches Muskelsystem bis in die feinsten Einzelheiten zu beherrschen.

Hier, in diesen Empfänglichkeitsbeziehungen zwischen Kind und Umwelt, liegt der Schlüssel zu der geheimnisvollen Tiefenschicht, in der sich das wunderbare Wachstum des geistigen Embryos vollzieht.

Wir können uns diese großartige Schöpfertätigkeit als eine Aufeinanderfolge von aus dem Unbewußten auftauchenden, starken Emotionen vorstellen, die bei ihrer Berührung mit der Umwelt zur Bildung des menschlichen Bewußtseins führen. Ihr Weg führt von der Unbestimmtheit über die Bestimmtheit zur Tätigkeit, wie wir dies am Beispiel der Erwerbung des Sprechvermögens gut beobachten können."

(Aus: Maria Montessori, Kinder sind anders, S. 60ff.)

In vielen ihrer Schriften verweist Maria Montessori immer wieder auf die sensiblen Perioden und ihre Bedeutung für die kindliche Entwicklung. Sie greift immer wieder auf das Kleinstkindalter und seine Bedeutung für die Entwicklung des Menschen zurück. Im Kindesalter gibt es besondere Phasen der Empfänglichkeit, die dem Erwerb einer bestimmten Fähigkeit dienen. Wird diese Gelegenheit versäumt, dann sei sie für immer vorbei, d. h., die Möglichkeit des natürlichen Lernens einer Fähigkeit wurde versäumt. Dieses Phänomen ist uns allen schon immer wieder begegnet. Wir haben etwa beobachtet, daß ein Kind innerhalb kürzester Zeit etwas gelernt hat. Vorher haben wir uns bemüht, dem Kind etwas beizubringen, aber ohne Erfolg. Wir begründen es vielleicht damit, daß die Zeit noch nicht reif dafür gewesen sei.

Maria Montessori benutzt auch den Begriff der Laune: Der Erwachsene nennt eine Laune, was er sich nicht erklären kann. Das Kind hat keine Lust, mag nicht, also ist es launenhaft und

Auch die Arbeit mit dem Knopfrahmen begeistert das Kind. Es trainiert dabei seine Fingerfertigkeit.

wird nicht selten ungerecht behandelt. Wenn wir uns als Eltern / Erzieherin / Lehrerin jedoch klar sind über das „Wunder der sensiblen Perioden", dann gelingt es uns vielleicht, so manche Laune anders zu deuten und das Kind genauer zu beobachten. Vielleicht erleben wir dann auch etwas von dem Licht und dem Glück, das das Kind erlebt, während es eine neue Fähigkeit erwirbt. Das Kind wählt dabei aus, was es in seiner Umwelt beachten will – wieder eine Situation, in der wir das Kind nur schwer verstehen können. Hätten wir doch erwartet, daß es sich auf den *uns* so ansprechenden Gegenstand konzentriert ... Enttäuschung, wenn es sich genau für das Gegenteil entschieden hat.

In den sensiblen Perioden drückt sich das Kind auch emotional aus: durch Erregung, Freude, erhöhte Muskeltätigkeit, besonderen Forscherdrang, zunehmende Sicherheit.

Durch intensive Beobachtung finden wir vielleicht den tieferen Zugang zum Kind, und es räumt uns die Chance ein, durch eine kleine „Ritze" einen Blick in sein Innerstes zu werfen. Dann können wir erkennen, wie es seine großartige Schöpfertätigkeit vollbringt, wie es schöpferisch lernt.

3.14 Die Umgebung – das Mobiliar – Beobachtung

„Die Beobachtungsmethode fußt allein auf der Grundlage, daß sich die Kinder frei ausdrücken können und uns so Bedürfnisse und Neigungen enthüllen, die verborgen bleiben oder unterdrückt werden, wenn keine geeignete Umgebung für spontane Aktivität vorhanden ist. Schließlich muß neben einem Beobachter auch der zu beobachtende Gegenstand vorhanden sein, denn wenn eine Schulung des Beobachters erforderlich ist, damit er es versteht, die Wahrheit zu ‚sehen' und ‚aufzunehmen', so müssen auch auf der anderen Seite Bedingungen vorbereitet werden, die eine Äußerung des natürlichen Charakters bei den Kindern ermöglichen.

Dieser letzte Teil des Problems, den bisher noch niemand in der ‚Pädagogik' in Betracht gezogen hatte, schien mir wirklich wesentlich und außerdem unmittelbar erzieherischer Natur zu sein, da er sich dem aktiven Leben des Kindes zuwandte.

Ich begann also damit, eine den Proportionen des Kindes entsprechende Schuleinrichtung herstellen zu lassen, die seinem Bedürfnis zum verständigen Handeln entsprach.

Ich ließ Tischchen in verschiedenen Formen so bauen, daß sie nicht wackelten und so leicht waren, daß zwei kleine, vierjährige Kinder sie mühelos verstellen konnten. Ich ließ Stühle machen, einige mit Strohgeflecht, andere ganz aus Holz, die leicht und, wenn möglich, elegant sein sollten, jedoch keine Nachahmung der Erwachsenenstühle im Kleinformat waren, sondern deren Proportionen sich der Form des kindlichen Körpers anpaßten. Zusätzlich bestellte ich kleine Holzsessel mit breiten Armlehnen und Korbsessel sowie kleine quadratische Tische für einen Platz, andere in verschiedenen Formen und Größen, auf die Leinendeckchen gelegt werden; Grünpflanzen und Blumen schmücken sie. Zur Einrichtung gehört auch ein Waschbecken, das so tief hängt, daß es auch von einem drei- oder vierjährigen Kind benutzt werden kann. Es ist an der Seite mit weißen abwaschbaren Abstellflächen für Seife, Bürsten und Handtücher versehen. Die Schränkchen sind niedrig, leicht und sehr einfach. Einige haben einen Vorhang zum Zuziehen, andere verschließbare Türen, zu jedem gehört ein besonderer Schlüssel: das Schloß ist in der richtigen Höhe angebracht, damit die Kinder es mit der Hand erreichen, es auf- und zuschließen sowie Gegenstände in die verschiedenen Fächer stellen können. Auf die lange und schmale Oberseite des Schränkchens werden verschiedene Zierstücke oder ein kleines Gefäß mit Fischen gestellt. Entlang den Wänden, und zwar so tief, daß die Kleinen sie erreichen, werden Schiefertafeln angebracht und kleine Bilder aufgehängt, die freundliche Familienszenen oder Gegenstände aus der Natur, wie Tiere und Blumen darstellen oder auch Bilder mit geschichtlichen oder biblischen Motiven, die jeden Tag ausgetauscht werden können ...

Beginnen wir mit dem ersten Einwand, der den Jüngern der alten Disziplinarmethoden in den Sinn kommt. Die Kinder werfen Stühle und Tische um, wenn sie sich bewegen, und erzeugen dadurch Lärm und Unordnung. Dies ist jedoch ein Vorurteil. Ebenso hat das Volk geglaubt, Neugeborene hätten Windeln und Kinder bei ihren ersten Schritten geschlossene Körbchen nötig. So wird die schwere, förmlich am Boden festgenagelte Schulbank immer noch für zweckmäßig gehalten. All dies beruht auf der Vorstellung, das Kind müsse sich, während es wächst, unbeweglich verhalten, und auf dem seltsamen Vorurteil, es müsse eine besondere Körperstellung einnehmen, damit eine erzieherische Wirkung erzielt wird.

Die Tische, die Stühle, die leichten beweglichen Sessel ermöglichen es dem Kind, sich die ihm angenehme Stellung *auszusuchen*: Es kann *es sich bequem machen*, anstatt *sich auf seinen Platz zu setzen*; dies ist dann gleichzeitig ein äußeres Zeichen für Freiheit und ein erzieherisches Mittel. Wirft das Kind durch eine unbeholfene Bewegung mit viel Krach einen Stuhl um, so erhält es den offensichtlichen Beweis seiner eigenen Unzulänglichkeit; die gleiche Bewegung zwischen den Bänken wäre unbemerkt geblieben. So erhält das Kind Gelegenheit, sich zu verbessern. Ist dies geschehen, hat es dafür offenkundige, deutliche Beweise: Stühle und Tische bleiben an ihrem Platz stehen, und es gibt keinen Lärm. Das bedeutet dann, daß *das Kind gelernt hat, sich zu bewegen*. Bei der alten Methode hingegen lag der Beweis für die erzielte Disziplin in der entgegengesetzten Tatsache, und zwar in der Unbeweglichkeit und im Schweigen des Kindes. Unbeweglichkeit und Schweigen, die es dem Kind *unmöglich machten* zu lernen, sich anmutig und einsichtig zu bewegen, so daß es ihm leicht passierte, daß es, wenn es sich in einem Raum befand, in dem es keine Bänke gab, leichte Gegenstände umwarf. Hier hingegen lernt das Kind ein Benehmen und eine Geschicklichkeit der Bewegungen, die ihm auch außerhalb der Schule von Nutzen sein werden: Obwohl noch ein Kind, wird es zum Menschen mit zwanglosen, doch korrekten Umgangsformen.

Die Lehrerin des Mailänder ‚Kinderhauses' ließ ein langes Wandbrett neben einem Fenster anbringen, auf das sie die Ständer zur Auswahl der für die ersten Zeichnungen erforderlichen Einsatzfiguren aus Eisen stellte ... Doch das zu schmale Brett hatte den Nachteil, daß die Kinder bei der Auswahl der Stücke oft einen Ständer zu Boden fallen ließen und dabei mit viel Lärm die daraufliegenden Einsatzfiguren aus Eisen umwarfen. Die Lehrerin wollte daraufhin das Brett besser herrichten lassen, doch da der Schreiner auf sich warten ließ, geschah folgendes: Die Kinder machten allmählich ihre Handgriffe so geschickt, daß sie die Ständer trotz ihres unsicheren Gleichgewichtes nicht mehr umwarfen.

Durch die Geschicklichkeit, mit der sie ihre Bewegungen ausführten, hatten die Kinder den Fehler des Möbelstückes ausgeglichen.

Die Einfachheit oder die Unvollkommenheit äußerer Gegenstände tragen also dazu bei, die *Aktivität* und die *Geschicklichkeit* der Schüler zu entwickeln.

All dies ist logisch und einfach: Heute, nachdem es ausgesprochen und erprobt wurde, erscheint es allen genauso überzeugend wie das Ei des Kolumbus."

(Aus: Maria Montessori, Die Entdeckung des Kindes, S. 53ff.)

Wenn wir einen Blick auf die Umgebung des Kindes im Kindergarten oder im Kinderzimmer daheim werfen, fällt auf, daß sich eigentlich während vieler Jahrzehnte kaum etwas grundlegend verändert hat. Der Kindergarten des letzten Jahrhunderts wurde oft mit kleinen Schulbänken ausgestaltet, oder es gab einen riesigen Tisch, an dem die Kinder in Reihen saßen und sich kaum entfalten konnten. Im häuslichen Bereich hatte man sich über passende Möbel für Kinder auch kaum Gedanken gemacht. Lediglich der Laufstall, das Gitterbett und das Stühlchen mit dem Töpfchen darunter überlebten viele Jahrzehnte und galten als typische Kindermöbel. Sie dienten aber auch nicht dazu, dem Kind mehr Freiheit- und Spielräume zu ermöglichen, als vielmehr die Kinder zu gängeln, einzuengen, ihre Freiräume einzuschränken. So verwundert es auch nicht, wenn wir in alten Pädagogikbüchern kaum Aussagen über ein kindgerechtes Wohnumfeld finden.

Auch unsere heutigen Kindergärten und Kinderzimmer entsprechen nicht immer den Bedürfnissen der Kinder.

Viele Kindergartenräume sind übermöbliert; die freien Spielflächen verringern sich dadurch.

Kinderzimmer werden häufig geprägt durch die Sonderangebote der sogenannten „Jugendzimmer" – ein Bett, ein Schrank, ein Schreibtisch.

Das Kinderzimmer ist meist der kleinste Raum in der Wohnung.

Könnte nicht schon hier versucht werden, stärker auf die Bedürfnisse der Kinder und ihre Aktivitäten einzugehen?

Maria Montessori hatte die Einengung, die von Möbelstücken ausgehen kann, beobachtet und Konsequenzen daraus gezogen. Es ging ihr bei Möbeln für Kinder nicht um Erwachsenenmöbel in Kleinformat, sondern um Einrichtungsgegenstände, die das kindliche Lernen und Verhalten anregen bzw. beeinflussen sollten. So hat sie für Kinder zum erstenmal eine kindgemäße Wohnumwelt geschaffen und eigene Möbel entwickelt. Die Kinder konnten nun aussuchen, wie und wo sie sitzen wollten. Das allerwichtigste jedoch an ihren Einrichtungsgegenständen war und ist, daß Kinder ihren Stuhl, ihren Tisch selbst dorthin bringen können, wohin sie ihn haben wollen. So kann sich ein Kind mit seinem Sesselchen ans Fenster setzen und draußen die Vögel auf dem Baum beobachten. Vielleicht bringt es auch seinen Tisch dorthin oder die Staffelei, um das Gesehene zeichnerisch festzuhalten. Jedes Möbelstück kann vom Kind alleine oder von maximal zwei Kindern getragen werden. Diese Freiräume, die dem Kind dadurch erwachsen, lassen es kreativ tätig werden, es schöpferisch und durch das eigene Tun lernen. So wird wieder einmal deutlich, daß schöpferisches Lernen den Erziehungsalltag wie ein roter Faden durchzieht und keineswegs auf den musischen Bereich beschränkt ist.

Konzentriert arbeitet das Kind an seiner Staffelei. Der Erwachsene darf seine Aktivität nicht stören.

Maria Montessori beschreibt anschaulich, wie Kinder den Umgang mit Möbeln lernen. Natürlich brauchen sie die Übung, und es klappt nicht auf Anhieb, ein Stuhl fällt um u. ä. Oft unterbinden Eltern und Erzieher dann diese unverzichtbare Übung durch Verbote und Gebote oder blocken das Kind ab, indem sie die Tätigkeit für es übernehmen: „Du wirfst den Stuhl sowieso um. Laß ihn stehen. Du bist noch zu klein. Ich stelle ihn selbst weg!" usw. Wie soll sich das Kind da durch Übung verbessern? Leider werden derartige Aspekte im Elternhaus noch viel weniger berücksichtigt als in Kindergärten. Dabei wäre es im Elternhaus so leicht – würden Mütter/Väter mehr Geduld aufwenden –, gerade diese Art der Selbständigkeit zu üben. Es bedarf also für viele Lernerfolge bei Kindern keiner Förderprogramme, sondern vielmehr größerer Geduld und großzügiger Übungsfelder für Kinder im Alltag. So leicht könnte es sein, würden wir Kindern mehr Freiheit lassen …

3.15 Disziplin und Freiheit

„Wie läßt sich *Disziplin* in einer Klasse erreichen, in der sich die Kinder frei bewegen können?

Gewiß haben wir bei unserem System einen anderen Begriff von *Disziplin*. Auch Disziplin muß aktiv sein. Es ist nicht gesagt, daß ein Mensch nur dann diszipliniert ist, wenn er künstlich so still wie ein Stummer und so unbeweglich wie ein Gelähmter geworden ist. Hier handelt es sich um einen geduckten und nicht um einen disziplinierten Menschen.

Wir nennen einen Menschen diszipliniert, wenn er Herr seiner selbst ist und folglich über sich selbst gebieten kann, wo es gilt, eine Lebensregel zu beachten.

Dieser Begriff von *aktiver Disziplin* läßt sich weder leicht verstehen noch leicht in die Tat umsetzen, doch er beinhaltet sicherlich ein hohes *erzieherisches* Prinzip, das sich vom absoluten und bedingungslosen Zwang zur Unbeweglichkeit grundlegend unterscheidet.

Die Lehrerin muß eine besondere Technik anwenden, um das Kind auf einen solchen Weg der Disziplin zu führen, den es dann sein ganzes Leben lang weitergehen soll, unaufhörlich der Vollkommenheit entgegenschreitend. Genauso wie das Kind, wenn es lernt, sich zu bewegen, anstatt still zu sitzen, sich nicht für die Schule, sondern für das Leben vorbereitet, damit aus ihm auch in seinen gewöhnlichen sozialen Äußerungen ein *durch Gewohnheit und Praxis korrekter Mensch* wird, genauso gewöhnt es sich nunmehr an eine nicht auf die Umgebung der Schule begrenzte, sondern auf die Gesellschaft erweiterte Disziplin.

Die Freiheit des Kindes muß als *Grenze* das Gemeinwohl haben, als *Form* das, was wir als Wohlerzogenheit bei seinen Manieren und seinem Auftreten bezeichnen. Wir müssen also dem Kind all das verbieten, was die anderen kränken oder ihnen schaden kann oder was als unschickliche oder unfreundliche Handlung gilt. Doch alles andere – jede Äußerung, die einen nützlichen Zweck, ganz gleich in welcher Art und Form verfolgt – soll ihm nicht nur erlaubt, sondern soll auch vom

Lehrer *beobachtet* werden: hier liegt der wesentliche Punkt. Seine wissenschaftliche Schulung sollte dem Lehrer nicht nur die Fähigkeit zur Beobachtung von Vorgängen in der Natur, sondern auch das Interesse daran vermitteln. In unserem System muß er sehr viel stärker „Geduld" als „Aktivität" aufbringen. Seine Geduld wird aus gespannter wissenschaftlicher Neugier und aus *Respekt* vor dem Vorgang, den er beobachten will, bestehen. Der Lehrer muß seine Stellung als *Beobachter* verstehen und *empfinden*.

Es ist zweckmäßig, dieses Kriterium auf die Schule der Kleinsten, die ihre ersten psychischen Lebensäußerungen entfalten, zu übertragen. Wir können nicht wissen, welche Folgen eine unterdrückte *spontane Handlung* hat, wenn das Kind gerade erst zu handeln beginnt; vielleicht unterdrücken wir *das Leben selbst. Die Menschlichkeit*, die sich in ihrem geistigen Glanz im zarten und lieblichen Kindesalter offenbart wie die Sonne im Morgengrauen und die Blume beim ersten Sprießen der Knospen, sollte mit religiöser Verehrung *respektiert* werden. Eine erzieherische Maßnahme ist nur dann wirksam, wenn sie der vollen Entfaltung des Lebens *Hilfe leistet*.

Hierbei sind die *Verhinderung von spontanen Bewegungen und das Aufzwingen von Handlungen durch andere* unbedingt zu vermeiden, *es sei denn*, es handle sich um unnütze oder schädliche Handlungen, *weil* diese *unterdrückt* und *ausgerottet* werden müssen.

Disziplinschwierigkeiten in der Schule

Um diesen Zweck zu erreichen, mußte ich im allgemeinen auf Lehrerinnen zurückgreifen, die sich bereits bei den alten Methoden in der gewöhnlichen Schule gut auskannten. Dies überzeugte mich von dem beträchtlichen Unterschied zwischen beiden Systemen. Auch eine intelligente Lehrerin, die das Prinzip selbst verstanden hat, steht vor großen Schwierigkeiten, wenn sie es in die Praxis umsetzen will. Sie kann ihre offensichtlich *passive* Aufgabe nicht so auffassen wie der Astronom, der unbeweglich vor dem Teleskop sitzt, während die Welten in rasender Geschwindigkeit im Universum rotieren. Es ist nicht leicht, den Gedanken zu *assimilieren* und *in die Tat umzusetzen*, daß das Leben und alle Dinge *von selbst weitergehen* und daß man, um es zu studieren, seine Geheimnisse zu erforschen oder es zu leiten, es beobachten oder kennen muß, ohne einzugreifen. Die Lehrerin hat es zu sehr gelernt, in der Schule als einzige frei aktiv zu sein, mit der Aufgabe, die Aktivität der Schüler zu unterdrücken. Wenn es ihr nicht gelingt, Ordnung und Ruhe zu bewahren, schaut sie bestürzt um sich, als wolle sie die Welt um Vergebung bitten und als Zeugen ihrer Unschuld anrufen: Vergebens wird ihr immer wieder gesagt, die Unordnung des ersten Augenblicks sei nötig. Wird sie gezwungen, nichts weiter zu tun als *zuzusehen*, fragt sie sich, ob sie nicht ihre Arbeit aufgeben soll, da sie nicht mehr Lehrerin ist."

(Aus: Maria Montessori, Die Entdeckung des Kindes, S. 56ff.)

Oft referiere ich bei Fortbildungen für Erzieherinnen und bei Elternseminaren über das Erziehungsverhalten von uns Erwachsenen und beschreibe die „idealen" Erzieher, Mutter/Vater als eine Person, die, wenn sie mit ihren Kindern zusammen sind, „schweigen" und die „Hände in den Taschen" behalten können. Was sich dabei so passiv anhört, als ob die Erzieherin nichts täte, ist in Wirklichkeit jene aktive Erziehungsperson, die unsere Kinder brauchen. Beobachten, abwarten, Geduld haben ist nämlich viel schwieriger, als sich überaktiv einzumischen, das Tun der Kinder stets von außen zu steuern. Es ist kein Wunder, wenn Kinder dann laut, trotzig und abweisend reagieren.

Wir müssen heute im Erziehungsalltag besonders darauf achten, daß jede erzieherische Maßnahme nur dann wirklich sinnvoll ist, wenn sie wesentlich zur Entfaltung des Lebens beiträgt, entsprechende Hilfe leistet.

Wir helfen und schützen Kinder nicht, wenn wir ihnen alles abnehmen und damit verhindern, daß sie Erfahrungen selbst machen. Maria Montessori sagt, daß spontane Bewegungen nie verhindert werden dürfen, daß Handlungen nie aufgezwungen werden dürfen – es sei denn, es handle sich um „unnütze oder schädliche Handlungen".

Da unsere Welt aber immer weniger Platz für Kinder hat, kommt es auch immer häufiger zu Einschränkungen. Viele Dinge dürfen und können Kinder nicht mehr tun, da der Platz fehlt, Räume nicht mehr kindlichen Bedürfnissen entsprechen oder gar zu gefährlich sind. Man behilft sich dadurch, daß man einschränkt bzw. nur bestimmte Handlungen zuläßt.

Viele Kinder wissen heute nichts mehr mit sich anzufangen. Sie wollen ständig unterhalten werden. „Mama, was soll ich jetzt machen!" Eltern und Erzieher werden zu Animateuren, weil den Kindern die Fähigkeit verlorengegangen ist, sich selbst zu beschäftigen und aus sich heraus aktiv zu werden.

Schon im Säuglingsalter werden Aktivitäten, die vom Kind ausgehen, unterdrückt, im Krabbelalter der Forscherdrang gebremst. Es ließe sich eine Kette von Situationen einer „Verhinderungspädagogik" aufzählen.

Kreative, aktive Kinder werden oft als störend empfunden und als verhaltensauffällig beschrieben. Ich erinnere mich an eine Situation während meiner Tätigkeit als Kindergartenleiterin. Eine Mutter meldete ihr Kind an. Es mußte einen anderen Kindergarten auf Grund großer Verhaltensauffälligkeiten verlassen. Der Psychologische Beratungsdienst hatte die Mutter auf unsere Einrichtung aufmerksam gemacht. Was war mit dem Kind? Es ließ sich nicht in ein Programm zwängen. Es verweigerte Arbeitsblätter und malte statt dessen ausdrucksvolle Bilder zum Thema. Es forderte immer wieder im Sinne Maria Montessoris „Hilf mir, es selbst zu tun". In unserer Einrichtung fühlte sich das Kind schon nach wenigen Tagen wohl. Zwei Jahre später wurde es problemlos eingeschult.

Die wichtigste Aufgabe ist meines Erachtens das Beobachten des Kindes und die Berücksichtigung seiner Bedürfnisse (und nicht die ständige gezielte Förderung). Ob wir es wollen oder nicht, akzeptieren können oder nicht, Kinder setzen sich zur Wehr, wenn wir sie falsch behandeln. Wenn Kinder unsere Hilfe wiederholt bei einer Aktivität brauchen, dann ist diese meist zu schwer für sie. So ist es oft bei Bastelarbeiten. Da tragen drei- bis sechsjährige Kinder alle die gleiche Bastelarbeit nach Hause. Ihre Mütter sind dann stolz auf den Marienkäfer, den ihr Kind selbst gemacht hat. Sie lassen sich blenden. Es war nicht ihr Kind, es war die aktive, fleißige Erzieherin, die den größten Anteil an der Bastelarbeit hat. *Sie* läßt ihr Können messen an den Produkten, die Kinder mitnehmen. Wenn sie nicht allen Kindern gleich helfen kann, werden diese ungeduldig, unruhig, laut ... Warum versucht sie nicht Aktivitäten anzuregen, bei denen Kinder selbst aktiv werden können, ausprobieren, erleben? Sie wird bald ganz andere Kinder um sich haben. Kinder, die selbständig sind, sich selbst eine Arbeit oder ein Spiel aussuchen. Sie bekommt dadurch Freiraum, das Tun und das Verhalten der Kinder systematisch zu beobachten und zu reflektieren. Sie gewinnt dadurch Anregungen für die Gestaltung der „vorbereiteten Umgebung".

3.16 Unabhängigkeit

„Der Begriff von Freiheit kann beim Kind nicht so einfach sein wie bei Pflanzen, Insekten usw., auf deren Beobachtung wir hingewiesen haben. Denn das Kind ist im Zeichen der Ohnmacht, in der es geboren wird, als soziales Individuum von *Bindungen* umgeben, die seine Aktivität *einschränken*.

Eine auf Freiheit gegründete Erziehungsmethode muß darauf abgestellt sein, dem Kind zu helfen, eben diese Freiheit zu erobern, und muß die Loslösung des Kindes von den Bindungen bezwecken, die seine spontanen Äußerungen einschränken. Nach und nach, während das Kind auf diesem Weg weiterschreitet, werden seine spontanen Äußerungen *in ihrem Wahrheitsgehalt leichter durchschaubar* und enthüllen seine Natur.

Deshalb sollte die erste Form des erzieherischen Eingreifens darauf gerichtet sein, das Kind auf den Weg zur Unabhängigkeit zu führen.

Man kann nicht frei sein, wenn man nicht unabhängig ist; deshalb müssen die *aktiven* Äußerungen von persönlicher Freiheit vom zartesten Kindesalter an gelenkt werden, um zur Unabhängigkeit zu führen. Sowie sie entwöhnt sind, begeben sich unsere Kleinen auf den gefahrvollen Weg der Unabhängigkeit.

Was ist ein entwöhntes Kind? Ein Kleinkind, das sich von der mütterlichen Brust unabhängig gemacht hat. Nachdem es diese einzige Ernährungsquelle aufgegeben hat, versteht es, aus hunderterlei Breien auszuwählen. Dies bedeutet, daß sich seine Möglichkeiten zu überleben vervielfältigt haben; das Kind wird fähig, zu wählen, während es sich vorher auf eine einzige Ernährungsquelle beschränken mußte.

Es ist jedoch immer noch ein abhängiges Wesen, weil es nicht in der Lage ist, zu laufen, sich zu waschen oder anzuziehen und seine Wünsche nicht in einer verständlichen Sprache ausdrücken kann. Es ist Sklave von allen. Immerhin sollte sich das Kind im Alter von drei Jahren zum großen Teil unabhängig und frei gemacht haben.

Den erhabenen Begriff der Unabhängigkeit haben wir noch nicht in seinem wahren Sinn erfaßt, da wir noch in servilen sozialen Verhältnissen leben. In einer Kulturperiode, in der es Knechte gibt, können die sozialen Verhältnisse den Gedanken an Unabhängigkeit nicht nähren. Analog war in Zeiten der Sklaverei der Gedanke an Freiheit verschwommen.

Unsere Knechte sind nicht von uns abhängig, wir sind es eher von ihnen. Es ist nicht möglich, in einer Sozialstruktur einen so grundlegenden menschlichen Irrtum zu dulden, ohne daß sich dies generell in sittlicher Minderwertigkeit auswirkt.

Wir halten uns sehr oft für unabhängig, weil uns keiner befiehlt, sondern wir den anderen Befehle erteilen; doch der Herr, der sich an seinen Diener wenden muß, ist abhängig von seiner eigenen Unterlegenheit. Der Gelähmte, der sich aus pathologischen Gründen die Schuhe nicht ausziehen kann, und der Fürst, dem dies aus gesellschaftlichen Gründen nicht möglich ist, leben letzten Endes unter den gleichen Bedingungen.

Das Volk, das die Knechtschaft zuläßt, das glaubt, es sei ein Vorteil für den Menschen, wenn er immer bedient und ihm nicht statt dessen von anderen *geholfen* wird, betrachtet die Unterwürfigkeit als Instinkt. Wir sind schnell dabei, zu *dienen*, wo wir uns doch nur kopfüber in die perfekte *Höflichkeit*, die perfekte *Freundlichkeit* und *Güte* stürzen.

Wer *bedient wird*, statt daß man ihm *hilft*, nimmt in gewissem Sinne an seiner Unabhängigkeit Schaden. Folgender Begriff ist die Grundlage der menschlichen Würde: ‚Ich will mich nicht bedienen lassen, *weil* ich nicht ohnmächtig bin, aber wir müssen uns gegenseitig *helfen*, weil wir gesellige Wesen sind'; dies müssen wir erringen, bevor wir uns wirklich *frei* fühlen.

Eine wirksame pädagogische Einwirkung auf Kinder im zarten Alter muß darin bestehen, *ihnen zu helfen*, auf dem Weg zur Unabhängigkeit voranzukommen, und so verstanden werden, daß sie in die ersten Formen der Betätigung einführt, die ihnen erlauben, sich selbst zu genügen und den anderen nicht durch ihre Unfähigkeit zur Last zu fallen. Ihnen helfen zu lernen, ohne Hilfe zu gehen, zu laufen, Treppen auf- und abzusteigen, umgefallene Gegenstände wieder aufzurichten, sich an- und auszuziehen, zu waschen, zu sprechen, um klar und deutlich ihre Bedürfnisse auszudrücken, sich um die Befriedigung ihrer Wünsche zu bemühen, das ist die Erziehung zur Unabhängigkeit.

Wir *dienen* den Kindern. Eine servile Handlung ihnen gegenüber ist nicht weniger fatal als eine Handlung, die danach strebt, ihre nützlichen spontanen Bewegungen zu *ersticken*.

Wir halten die Kinder für leblose Puppen, wir waschen und füttern sie, wie sie es mit Puppen tun. Wir denken nie daran, daß ein Kind, das etwas *nicht tut*, dies auch nicht *tun kann*, es aber später tun muß, und von Natur aus über alle Mittel verfügt, es zu lernen: Unsere Pflicht ihm gegenüber besteht schließlich darin, *ihm behilflich zu sein*, sich eine nützliche Handlungsweise zu eigen zu machen."

(Aus: Maria Montessori, Die Entdeckung des Kindes, S. 63ff.)

Begriffe wie Freiheit, Unabhängigkeit klingen – im Zusammenhang mit Erziehung gebraucht – nach wie vor ein bißchen „revolutionär" oder werden gar der Zeit der „antiautoritären Erziehung" zugeschrieben. Maria Montessori will jedoch durch eine auf Freiheit gegründete Erziehungsmethode darauf abstellen, dem Kind zu helfen, eben diese Freiheit zu erobern: Das Kind kann sich erst wirklich entwickeln, wenn es vom Erwachsenen, der alles für das Kind macht, befreit ist. Kinder können Dinge nur in Freiheit lernen. Natürlich bekleckert sich das Kind, wenn es zum erstenmal selbst mit dem Löffel ißt, es hat ja noch keinerlei Übung. Wir helfen ihm nicht, wenn wir es – um zu verhindern, daß es sich bekleckert – wieder füttern. Wir haben viel zu viele inaktive Kinder. Sie sitzen essend vor dem Fernseher und konsumieren Film nach Film. Sie werden müde, schlaff, desinteressiert. Wo ist ihre ursprüngliche Aktivität, ihre Schöpferkraft geblieben? Wer immer nur bedient wird, nimmt Schaden an seiner Unabhängigkeit. Immer wieder begegnen uns Erwachsene, die völlig unselbständig und regelrecht lebensunfähig sind. Sie haben sich z.B. nicht von der Mutter gelöst und werden – obwohl sonst im Beruf erfolgreich – von der Mutter betreut wie kleine Kinder: bekommen die Wäsche vorgegeben, das Badewasser eingelassen, werden bekocht, es wird für sie geplant usw. Stirbt der versorgende Elternteil, dann kommt es meist zu großen Problemen ...

Glücklich ist kaum jemand, der in strenge Abhängigkeiten eingebunden ist.

Wollen wir für unsere Kinder nicht eine glückliche Kindheit?

3.17 Der Garten

„Das Garten-Vorurteil

Unweigerlich tragen wir auch mitten in die Natur Vorurteile, die es erschweren, das Wahre zu erkennen. Wir haben uns einen zu symbolischen Begriff der Blumen gemacht und sind stärker bestrebt, die Tätigkeit der Kinder unseren eigenen Vorstellungen anzupassen als dem kleinen Kind zu folgen, um seine wirklichen Neigungen und Bedürfnisse zu interpretieren. So hatten die Erwachsenen das Kind auch bei der Gartenarbeit in eine künstlich festgelegte Tätigkeit gezwungen. Ein Samenkorn in die Erde setzen und auf das daraus entstehende Pflänzchen warten, das ist eine zu geringe Arbeit und eine zu lange Wartezeit für Kinder. Sie wünschen, große Arbeiten zu vollbringen und ihre Tätigkeit direkt mit den Erzeugnissen der Natur in Verbindung zu bringen.

Zweifellos lieben Kinder Blumen, sie sind jedoch weit davon entfernt, sich damit zu begnügen, sich inmitten von Blumen aufzuhalten und ihre farbigen Blütenblätter zu betrachten. Kinder sind zutiefst zufrieden, wenn sie handeln, kennenlernen, entdecken können, auch unabhängig von äußerer Schönheit.

Die angenehmste Arbeit

Bei unseren Versuchen mit Kindern, die frei waren in der Wahl ihrer Tätigkeit, erhielten wir zahlreiche Hinweise, die sich von denen unterschieden, mit denen auch ich meine Arbeit begonnen hatte.

Die angenehmste Arbeit für das Kind ist nicht das Säen, sondern vielmehr das Ernten, das, wie bekannt, nicht weniger anstrengend ist. Das Ernten, so kann man sagen, steigert dann das Interesse für das Säen, und je mehr einer das Ernten erfährt, desto stärker empfindet er den verborgenen Reiz des Säens.

Eine der schönsten Erfahrungen ergab sich beim Ernten von Getreide und Weintrauben; das Mähen eines Feldes voller

Ähren, das Bündeln in Garben, die mit Bändern in lebhaften Farben zusammengehalten werden, war eindrucksvoll und konnte Anlaß für herrliche Feste im Freien geben. Reben pflegen, Trauben säubern sowie schöne Früchte in Körbe legen kann bei den verschiedenen Feiern praktiziert werden.

Alle Obstbäume eignen sich für ähnliche Arbeiten; die Mandelernte interessiert schon die Kleinsten, die dabei wirklich nützliche Arbeit leisten, da sie voller Eifer die heruntergefallenen Mandeln suchen und in Körben sammeln. Unter Blättern verborgene Erdbeeren zu suchen ist eine nicht minder willkommene Arbeit als duftende Veilchen zu pflücken.

Das, was diese Erfahrungen beweisen, ist das Interesse für das Säen im großen, wie zum Beispiel die Einsaat eines Kornfeldes mit allen dazugehörigen Handgriffen. Nur der Erwachsene kann die Furchen ziehen, aber die Kinder sind in der Lage, Samenkörner in verschiedene Häufchen aufzuschichten, sie auf die Körbe zu verteilen und dann in die Furchen zu streuen. Das Entstehen so vieler Striche von kleinen, zarten und blassen Halmen ist eine große Befriedigung für Auge und Geist. Die gleichmäßig verteilte Menge, diese Zeichnung langer, parallel verlaufender Linien, die sich von selbst färben, lassen das Wachstum anschaulicher erscheinen. Es scheint, als entstünde Grandioses durch das Summieren einzelner Fakten, die für sich allein ohne besonderes Interesse sind. Die gelben Ähren, die sich im Winde wiegen und langsam bis in Schulterhöhe der Kinder wachsen, begeistern die kleine, auf die Ernte wartende Schar. Obwohl unser Säen und Pflanzen eine eucharistische Zielsetzung hatte, konnten wir doch feststellen, daß *das Leben des Feldes* den kleinen Kindern besser entspricht als die Philosophie und der Symbolismus von Blumen.

Auch die wohlriechenden Kräutergärtchen sind von praktischem Interesse, wobei die Tätigkeit des Kindes darin besteht, Kräuter mit verschiedenem Geruch zu suchen, zu unterscheiden und auszuwählen. Die Übung, ähnliche Dinge voneinander zu unterscheiden und einen Geruch anstatt einer Blume zu suchen, ist feiner, erfordert größere Anstrengung und löst das Gefühl aus, etwas Verborgenes zu entdecken.

Natürlich interessieren Blumen ebenfalls, doch ist Blumenpflücken viel naturwidriger als Ernten von Früchten, die uns der Boden auf dem Wege über die Blumen schenkt. Denn diese Blumen scheinen eher die Insekten als den Menschen um Hilfe für eine ewige Mission anzurufen. In der Tat setzen sich zu geistiger Befriedigung erzogene Kinder häufig neben Blumen, um sie zu bewundern, doch plötzlich erheben sie sich und suchen eine Tätigkeit, denn gerade durch die Tätigkeit bringen sie die an Schönheit reichen Knospen ihrer eigenen kleinen Persönlichkeit zum Aufbrechen ...

Unser Garten

Eine weitere Schlußfolgerung, zu der wir gelangten, als wir die Kinder in die Lage versetzten, ihre Neigungen frei zu äußern, bestand darin, den Acker oder Garten auf geistige Bedürfnisse zu ‚begrenzen'. Der Glaube, es sei wünschenswert, den Kindern dafür ‚einen unbegrenzten Raum' zu geben, ist allgemein verbreitet. Das Kind wurde hierbei vornehmlich unter dem Gesichtswinkel des physischen Lebens betrachtet, die Grenzen schienen durch die Geschwindigkeit seiner Beine beim Laufen gegeben. Allerdings erkennen wir, auch wenn wir den ‚Lauf' als Grenze des Geländes ansehen, falls wir diese Begrenzung einigermaßen genau festlegen wollen, daß diese Grenzen sehr viel enger gezogen sind, als wir es uns vorstellen können. Auf einem riesigen Platz spielen und rennen die Kinder immer an derselben Stelle, in derselben Ecke, demselben beengten Raum. Alle lebenden Wesen neigen dazu, sich zu lokalisieren und sich Grenzen zu setzen.

Dieses Kriterium läßt sich auch beim Betrachten des Seelenlebens anwenden. Die Grenzen müssen das richtige Maß zwischen Übertreibung und Mangel an Raum und an Dingen haben. Das Kind liebt das sogenannte ‚erzieherische Gärtchen' nicht, wenn es zu klein und nur ein armseliger Besitz ist, der noch nicht einmal seine individuelle Eigenliebe befriedigt. Ob es ihm nun gehört oder nicht, das spielt für das in seinen Bedürfnissen befriedigte Kind keine Rolle. Was es will, das ist eben diese Befriedigung. *Es muß soviel Pflanzen überwachen können, wie in sein Bewußtsein eindringen, wie sich in seinem Gedächtnis festsetzen, so daß sie ihm bekannt sind.*

Auch für uns ist ein Garten mit zu vielen Pflanzen, zu vielen Blumen ein Ort voller ‚Unbekannter', deren Leben unserem Geist fremd bleibt. Die Lungen werden darin gut durchatmen, doch es kommt keine Verbindung zur Seele zustande. Auch ein kleines Beet kann uns nicht befriedigen, denn es enthält nur armselige, für unsere Bedürfnisse nicht ausreichende Dinge, stillt den Hunger des Geistes nicht, der in ein direktes Verhältnis zur Schöpfung kommen will. Es gibt also Grenzen, die Grenzen *unseres Gartens*, in dem uns jede Pflanze liebgeworden ist und uns ihre sinnenhafte Hilfe bei der Aufrichtung unseres innersten Selbst gibt."

(Aus: Maria Montessori, Die Entdeckung des Kindes, S. 82ff.)

An keinem Ort ist das Kind der Schöpfung so nahe wie draußen in der Natur. Das Kind erlebt Pflanzen, Tiere, nimmt Gerüche wahr, lernt die Jahreszeiten kennen, beobachtet das Wachstum von der Saat bis zur Ernte usw. Es ist gut zu verstehen, daß Kinder anfangs größeres Interesse an der Ernte haben: sie pflücken Obst, naschen von den eigenen Radieschen oder Beeren oder pflücken ein Blumensträußchen. Kinder halten eine Erntegabe in Händen. Gleichzeitig erwacht aber auch die Neugier nach dem Woher. Woher kommt das Radieschen? „Aus solch einem winzigen Samenkorn entsteht ein rotweißes Radieschen? Das kann ich gar nicht glauben!" Wir regen das Kind nun an, vielleicht selbst etwas zu säen und zu beobachten, was geschieht. Die Pflege des Beetes wird wichtig, das regelmäßiges Gießen usw. Und schon sind wir wieder mitten im schöpferischen Lernen.

Leider haben Kinder heute kaum noch Möglichkeiten, Gartenerfahrungen zu machen. Das Haus ist von Zierrasen umgeben, der nicht betreten werden darf, und im Kindergarten gibt es kaum Nutzsträucher oder Beete, die die Kinder selbst bearbeiten können. Erst kürzlich berichtete mir eine Erzieherin voller Stolz, daß sie es erreicht habe, daß die Beete abgeschafft und mit Rasen eingesät wurden. Sie hätte kein Interesse, auch noch Gartenarbeit zu machen. Schade, wenn man überlegt, was den Kindern vorenthalten wird!

Zu Maria Montessoris Sinnesmaterial gehören unter anderem die Riechbüchsen. Sozusagen „lebendige" Riechbüchsen finden wir auf einem Kräuterbeet. Wir können die Gerüche dann auch in Riechbüchsen bannen: die Zitronenmelisse, Pfefferminz, Maggikraut, Bohnenkraut. Die Kinder ernten es, trocknen es, zerreiben es. Jetzt sieht alles fast gleich aus, aber am Geruch kann man es unterscheiden. Wie viele Tätigkeiten

Mit Hingabe versorgt das Kind die Pflanze auf der Fensterbank. Gewissenhaft erledigt es seine Arbeit.

bieten sich für Kinder an, wie viele interessante Entdeckungen können sie machen. Dies alles gilt es für das Kind wieder neu zu eröffnen. Übrigens können Sie die Sache mit dem „Kräuterbeet“ sogar notfalls auf der Fensterbank realisieren. So ist es wirklich unverständlich, daß wir Kindern eine „trokkene“ Umwelterziehung zumuten, wenn wir ihnen anhand von Postern oder Bilderbüchern die Natur nahebringen wollen. Es ist heute mehr denn je notwendig, daß Kinder konkrete Naturerfahrungen machen (und es ist möglich, da fast jeder Kindergarten über einen Garten verfügt). Es kommt allerdings auf die Gestaltung an und auf die Aktivität, die das Kind ausüben kann. Auch im Rahmen der Elternarbeit kann der Garten eine wichtige Rolle spielen. Da können sich Väter beim Umgraben beteiligen ... und man kommt so ganz nebenbei miteinander ins Gespräch! – Viel leichter als beim Elternabend!

3.18 Die freie Wahl

„Nun sind wir in der Praxis, nun sind wir in der Schule. Das auf Grund von Experimentalforschungen bestimmte Material für die Entwicklung der Sinne ist ein Bestandteil der Umgebung.

Nach und nach ‚bietet‘ die Lehrerin – entsprechend den Angaben der Methode, die sich auf lange Erfahrung stützt – erst das eine, dann ein anderes Material an, je nach dem Alter des Kindes und dem systematischen Aufbau der Gegenstände.

Doch ein solches Anbieten ist lediglich der erste Schritt zu dem Zweck, Bekanntschaft zu schließen, nichts weiter. Danach beginnen erst die wichtigen Handlungen. Auf Grund der unterschiedlichen Anziehungskraft wählt das Kind spontan eines unter den Dingen aus, mit denen man es bekannt gemacht hat und die ihm bereits vorgeführt wurden.

Das Material ist ausgestellt, das Kind braucht nur die Hand auszustrecken und es zu ergreifen. Es kann das ausgewählte

Stück an den Platz tragen, der ihm am besten gefällt: auf einen Tisch – neben das Fenster – oder in eine dunkle Ecke – oder auf einen schönen kleinen auf dem Boden ausgebreiteten Teppich – und es so oft wieder benutzen, wie es dazu Lust hat.

Was treibt wohl das Kind dazu, eher das eine als das andere Ding auszuwählen? Bestimmt nicht der Nachahmungstrieb, weil jedes Stück nur einmal vorhanden ist und, wenn einer es benutzt, kann dies kein anderer gleichzeitig tun.

Der Nachahmungstrieb ist es also nicht. Dies beweist uns auch die Art und Weise, wie die Kleinen das Material benutzen, denn sie vertiefen sich in ihre Übung mit so intensiver Aufmerksamkeit, daß sie die Dinge um sich herum gar nicht mehr wahrnehmen und immer weiterarbeiten und dabei die gleiche Übung dutzendmal wiederholen. Es ist das mit der inneren Entwicklung verbundene Phänomen der *Konzentration* und der *Wiederholung*. Niemand kann sich aus Nachahmungstrieb konzentrieren, denn der Nachahmungstrieb bindet nach außen, und hier handelt es sich um ein vollkommen entgegengesetztes Phänomen, das heißt, die Abstraktion von der äußeren Welt und die engste Bindung an die innerste und geheime Welt, die im Kinde wirkt. Nicht einmal ein Interesse am Lernen oder an einer äußerlichen Zielsetzung ist dabei von Einfluß; nichts von alledem läßt sich in Beziehung setzen zu dem Bewegen und Verrücken von Dingen, die jedesmal unweigerlich in ihre ursprüngliche Stellung zurückgebracht werden. Es ist also eine rein innerliche Angelegenheit, die mit den jeweiligen Bedürfnissen des Kindes und daher mit den charakteristischen Bedingungen seines Alters verbunden ist. Bei so einfachen Gegenständen hätte ein Erwachsener auch nie ein so großes Interesse, sie dutzendmal immer in gleicher Weise zu verrücken und daran Vergnügen zu finden; um so weniger könnte sich ein Erwachsener mit seinen inneren Fähigkeiten darauf so konzentrieren, daß er den äußeren Ereignissen gegenüber fast unempfänglich würde. Psychisch gesehen, steht die Lehrerin deshalb auf einer ganz anderen Stufe als das Kind, und sie könnte diesen Vorgang nicht im geringsten beeinflussen. Hier haben wir also eine regelrechte Enthüllung des Innenlebens. Die äußerlichen Reize bewirken von draußen wie ein Magnet einige mit den Tiefen der Seele verbundene Manifestationen. Wir stehen hier also ganz einfach vor einem Entwicklungsphänomen.

Dies wird bei der Beobachtung von viel kleineren Kindern klar. Sie weisen manchmal ein ganz analoges Phänomen auf, auch wenn dieses sich auf den Sektor der Bewegungen beschränkt, wenn sie ähnliche Gegenstände einzeln von einem Platz an einen anderen tragen. Erst später gefällt es dem Kind, Dinge zu einem äußeren Zweck herumzutragen, wie beim Tischdecken, beim Zurücklegen von Sachen in eine Schublade usw. Es gibt also eine formative Periode, in der die Handlungen keinerlei Zweck, keinerlei äußere Anwendung haben. Ähnliches finden wir bei der Entwicklung der Sprache, wenn das Kind lange Zeit Laute, Silben oder Wörter wiederholt, ohne die Sprache bereits zu gebrauchen oder sie auf äußere Dinge anzuwenden.

Die Lehrerin hat die braune Treppe eingeführt. Jetzt ist das Kind an der Reihe und wiederholt die Übung viele Male.

Dieser bei allen Äußerungen in der Entwicklung des psychischen Lebens so allgemeingültige Vorgang ist also von größtem Interesse.

Dazu ist es erforderlich, dem Kind die *freie Wahl* der Gegenstände zu überlassen. Das Phänomen tritt um so leichter hervor, je stärker die Hindernisse ausgeschaltet werden können, die sich zwischen das Kind und den Gegenstand stellen, nach dem die Seele unbewußt strebt.

Jeder äußere Gegenstand und noch stärker jede äußere Tätigkeit wird zum Hindernis, wenn sie den zarten und verborgenen Lebensimpuls ablenkt, der, obwohl noch unbewußt, das kleine Kind leitet. Deshalb kann die Lehrerin zum Haupthindernis werden, weil sie über eine energischere und bewußtere Aktivität verfügt als die Kinder. In der Umgebung, in der die Sinnesreize der freien Wahl des Kindes unterliegen, muß die Lehrerin also versuchen, sich auszuschalten (nachdem sie ihm zunächst den Gebrauch der Gegenstände gezeigt und erklärt hat). Die Aktivität des Kindes wird von innen heraus und nicht von der Leiterin angetrieben."

(Aus: Maria Montessori, Die Entdeckung des Kindes, S. 109ff.)

Viele Eltern und Erzieherinnen glauben, daß sie den Kindern immer freie Wahl beim Spiel lassen würden. Die Frage von Kindern „Was soll ich spielen?" oder „Darf ich dieses Spiel holen?" und ähnliches widerlegen dies allerdings. So übt ein Material eine besondere Anziehungskraft auf ein Kind aus, aber leider darf es sich nicht damit beschäftigen. Maria Montessori wünscht sich, daß jedes Material dem Kind vorgestellt wird, dann wird es ausgestellt, d.h., es ist für das Kind sichtbar zur Verfügung, und es kann auswählen, womit es sich beschäftigen will. So manche Konsequenz ist aus dem kindlichen Verhalten für die Erziehung zu ziehen!

Die freie Wahl ist untrennbar verbunden mit Konzentration und Wiederholung. Oft können Erwachsene nicht verstehen, daß Kinder eine Tätigkeit viele Male wiederholen, ohne daß sie sich langweilen oder ablenken lassen. Sie sind dann tief in Konzentration versunken. Diesen Zustand können wir durch all unsere äußeren Aktivitäten, Lernspiele, Trainingsmaßnahmen nicht erreichen. Denn er kommt von innen, aus einem inneren Bedürfnis des Kindes heraus. Eltern und Erzieher wissen diese Konzentration des Kindes nicht zu schätzen, wenn sie nicht fassen können, wie Kinder sich mit einem so einfachen Gegenstand oder Material so lange und ausdauernd beschäftigen können. Dann kommt es zu Aussagen: „Hör doch auf damit, was soll das, das ist nichts, mach doch was Gescheites ..." Dadurch wird jedoch die Entfaltung und Aktivität der Kinder gebremst und schöpferisches Lernen unterdrückt. Wir sollten uns daher den Satz Maria Montessoris einprägen: „Die Aktivität des Kindes wird von innen heraus und nicht von der Leiterin (Erzieherin, Eltern) angetrieben!"

3.19 Geruch und Geschmack

„Die Übungen für diese Sinne lassen sich nur schwer attraktiv gestalten.

Ich kann nur sagen, daß mir, zumindest für kleine Kinder, Übungen, ähnlich den in der Psychometrie angewandten Versuchen, ungeeignet und unpraktisch erscheinen.

So bestand unser zweiter Versuch darin, ‚Spiele für die Sinne' zu organisieren, die die Kinder untereinander wiederholen konnten. Wir ließen sie an frischen Veilchen und an Jasmin riechen, mitten im Mai nahmen wir die in Blumenvasen gesteckten Rosen. Dann verbanden wir einem Kind die Augen und sagten: ‚Nun bekommst du Geschenke, es werden die Blumen angeboten.' Tatsächlich hielt ihm ein Spielgefährte Veilchen unter die Nase, die es erkennen sollte; um die Intensität zu messen, wurden eine oder mehrere Blumen genommen.

Danach kam uns der Gedanke, der Umgebung einen Großteil dieser erzieherischen Aufgabe zu überlassen. Zunächst müssen die Gerüche zur Übung der Sinne erst einmal vorhanden sein, und da sie nicht unbedingt um uns herum existieren, wie das Licht und das Geräusch, das sich aus allen Bewegungen ergibt, wollten wir nach einem bestimmten System Düfte in der Umgebung plazieren mit dem Gedanken, sie immer differenzierter zu machen.

Einige nach chinesischer Mode geschmückte Säckchen wurden wie Schmuck an die Wand geheftet. Blumen und Kräuter aus dem Garten, Seife mit einem natürlichen Duft, wie zum Beispiel nach Mandeln und Lavendel, wurden vorbereitet und um die Kinder herum ausgelegt.

Erst später, nachdem wir duftende Kräuter angepflanzt hatten, die fast wie ein grünes Beet aussahen, damit ihre Farbe nicht die Aufmerksamkeit weckte, wie dies bei auffälligen Blumen der Fall ist, fanden wir heraus, daß etwa Dreijährige am stärksten daran interessiert waren, die verschiedenen Gerüche ausfindig zu machen, und wir sahen mit großem Erstaunen, daß uns einige der Kleinen manche Kräuter brachten, die wir weder angepflanzt hatten noch als Duftkräuter kannten, doch auf Drängen der Kinder rochen wir daran und entdeckten, daß sie tatsächlich einen feinen Duft ausströmten.

Eine so bepflanzte Wiese, bei der farbliche Eintönigkeit und geringe Abweichung in den Formen bis zu einem gewissen Grad die Geruchswahrnehmungen isolieren, ist eine Stätte der ‚Forschung' und deshalb auch der Übung des Geruchssinnes. Wird die Aufmerksamkeit systematisch dazu gebracht, auf verschiedene Sinnesreize anzusprechen, dann wird auch der Geruchssinn ‚auf intelligente Weise' ausgebildet und entwickelt sich zu einem Organ zur Erforschung der Umwelt.

Daß der Geruch der natürliche Helfer des ‚Geschmacks' ist, bewiesen uns sogar die Kleinsten durch ihr Vermögen, Nahrungsmittel auszuwählen oder zu ‚verwerfen'. Dieser Teil der Erziehung spielt in das vegetative Leben hinein, doch er ist so delikat, daß er eine Sonderbehandlung verdient. Bedenkt man nun, daß hier nichts weiter als die vier einfachsten Geschmacksrichtungen angezeigt werden, ergibt sich die Mahlzeit als natürliche Gelegenheit für Geschmacksübungen.

Die ausschließlich auf den Geschmack zurückzuführenden Sinneswahrnehmungen von den Kindern dadurch unterscheiden zu lassen, daß man sie die vier grundlegenden Geschmacksrichtungen lehrt, löst unzweifelhaft Interesse aus. Während sowohl das Süße wie das Salzige beides angenehme Geschmacksrichtungen sind, wird auch das Bittere als Erfahrung gesucht und das Saure, besonders bei diversen Früchten, nach seinen Abstufungen differenziert.

Ist erst einmal das Interesse auf die Geschmacksrichtungen und ihre so klare Abgrenzung gelenkt, unterscheidet sich die Welt der Düfte klarer in der großen Vielfalt dieser gemischten Geschmacks- und Geruchswahrnehmungen, die bei der Ernährung, also Milch, trockenem und frischem Brot, Bouillon, Früchten usw., erprobt werden. Die Tastwahrnehmungen der Zunge, zum Beispiel bei nicht leitenden, bei öligen Substanzen usw., unterscheiden sich von denen des Geschmacks und des Geruchs durch eine ununterbrochene geistige Tätigkeit, die eine wirkliche Erforschung ihrer selbst und der Umwelt ist.

Die Methode, die Zunge mit einer bestimmten bitteren, sauren, süßen oder salzigen Lösung in Berührung zu bringen, wie dies in der Extensiometrie geschieht (Messung der Sensibilität), ließ ich auf fünfjährige Kinder anwenden, die sich für solche Versuche wie zu einem Spiel hergaben und denen es großen Spaß bereitete, sich den Mund auszuspülen, ohne zu ahnen, daß sie Experimenten unterworfen wurden, die von Erwachsenen in den feierlichen Mantel der Wissenschaft gehüllt werden. Die ganz kleinen Kinder konzentrieren sich hingegen ernsthaft auf die Suche nach den Düften, mit welchen die Natur die Wiesenkräuter bedacht hat."

(Aus: Maria Montessori, Die Entdeckung des Kindes, S. 136f.)

Im Kapitel über den Garten wurde u. a. deutlich, wie notwendig ein Kräuterbeet ist. Die Erziehung des Geruchs- und Geschmackssinns fordert noch weitere „Übungsfelder" in unserer Umwelt. Kinder experimentieren gerne, wenn wir mehr mit ihnen nach draußen gehen. Was könnten wir Erwachsenen noch alles lernen? Die grüne Wiese ist nicht gleichmäßig grün, sondern verbirgt eine Vielzahl von Pflanzen und Gerüchen. Ob wir mit Kindern nicht den Versuch machen sollten, eine Wiese zu erobern? Kinder könnten zu „Farb- und Geruchsforschern" werden. Sie finden selbst die Geruchsunterschiede zwischen einem Sauerampferblatt und der Brunnenkresse heraus. Einmal angeregt, werden Kinder nicht lockerlassen, bis sie die Wiese kennen. Kinder werden auch die Erfahrung machen, daß sich Pflänzchen eben nicht nur durch ihr Äußeres unterscheiden, sondern auch durch den Geruch und den Geschmack. Viele Pflanzen signalisieren uns durch ihren Geruch, daß wir sie besser nicht probieren sollten. Es gibt aber auch viele Pflanzen in Wald und Flur, deren Geschmack wir – und ich meine nicht nur die Kinder – wirklich kennenlernen sollten.

Jede Mahlzeit, die wir mit Kindern gemeinsam einnehmen, ist eigentlich eine Übung zur Schulung des Geschmackssinns. Wir fragen das Kind: „Schmeckt's dir?" und erhalten die Antwort: „Ja" oder „Gut". Vielleicht aber sollten wir auch bei den Mahlzeiten auf unterschiedliche Geschmacksrichtungen achten und diese einander zuordnen. Kinder lieben es auch, Rätselspiele zum Geschmack zu machen. Sie haben verschiedenes Obst probiert und kennen den Geschmack. Nun heißt es, das Obst am Geschmack zu erkennen und gleichen Geschmack zuzuordnen. Geschmacksgruppen werden gebildet. Kinder entdecken dabei erst einmal so richtig, wie sensibel Nase und Zunge einen Geruch oder Geschmack aufnehmen können. Was Kinder hierbei lernen, läßt sich gar nicht so einfach beschreiben. Ich habe auch die Beobachtung gemacht, daß Kinder auch gerne Düfte vermischen, also schöpferisch damit umgehen. Wir brauchen dazu kein teueres Material, sondern nur den sensiblen Umgang mit den Dingen in unserer Umgebung.

3.20 Wenn Ihr Kind es besser weiß als Sie

„Angenommen, eine närrische Froschmutter würde ihren kleinen Kaulquappen im Teich sagen: ‚Kommt heraus aus dem Wasser, atmet die frische Luft ein, vergnügt euch im grünen Gras, dann werdet ihr alle zu starken, gesunden kleinen Fröschen heranwachsen. Kommt schon mit, Mutter weiß es am besten!' Wenn dann die kleinen Kaulquappen versuchten zu gehorchen, würde es gewiß ihr Ende bedeuten.

Und doch ist dies die Art, wie so viele von uns versuchen, ihre Kinder zu erziehen. Wir sind darauf bedacht, sie zu intelligenten und nützlichen Bürgern zu machen, die guten Charakter und gute Manieren an den Tag legen. Und so verwenden wir viel Zeit und Geduld darauf, sie zu korrigieren, ihnen zu sagen: ‚Dies tu, und dies lasse"' Und wenn sie fragen: ‚Warum, Mammi?' dann halten wir nicht inne, um zu bedenken, warum wir eingreifen, sondern schieben sie beiseite mit dem Wort: ‚Mutter weiß es am besten.'

Wir sind genau in derselben Position wie der törichte Frosch, wenn wir es nur sehen könnten. Dieses kleine Leben, das wir zu modellieren bemüht sind, braucht kein Drängen und Quetschen, kein Verbessern und Bemäkeln, um seine Intelligenz und seinen Charakter zu entwickeln. Die Schöpfung achtet auf die Kinder ebenso, wie sie dafür sorgt, daß die Kaulquappe zu einem Frosch wird, wenn die Zeit dazu da ist.

‚Aber', höre ich Sie sagen, ‚sollen wir die Kinder tun lassen, was sie wollen? Wie können sie wissen, was das Beste für sie ist, wenn sie keine Erfahrung haben? Und denken Sie, was für kleine Wilde sie würden, wenn wir sie nicht Manieren lehrten!'

Und ich würde antworten: ‚Haben Sie jemals Ihren Kindern auch nur an einem Tag die Chance gegeben zu tun, was sie möchten, ohne daß Sie sich einmischten?'

Versuchen Sie es, und Sie werden erstaunt sein. Warten Sie, und beobachten Sie, wie etwas ihr Interesse einfängt. Vielleicht sehen die Kinder Sie einen Schlüssel im Schloß drehen und wollen das auch tun. Oder sie wollen Ihnen fegen helfen. Oder sie möchten eben ein paar niedliche kleine Muster mit Steinchen auf Ihren sauberen Flur legen. Und an jedem gewöhnlichen Tage würden Sie sagen: ‚Seid nicht im Weg, spielt mit euren Spielsachen!'

Aber heute geben Sie ihnen den Schlüssel, suchen einen kleinen Besen zum Fegen, lassen Sie sie das Muster auf den Flur legen und sehen, wie sie davon gefesselt werden. Es ist oft nicht genug für Kinder, etwas ein- oder zweimal zu tun, sondern sie wollen die gleiche einfache Handlung wieder und wieder ausführen, bis sie einen inneren Drang gesättigt zu haben scheinen. Sie werden überrascht sein, wie sie vor Unfug bewahrt sind, wenn sie sich mit etwas beschäftigen dürfen, was sie wirklich interessiert. Aber wenn Sie ungeduldig eingreifen und irgendeine fesselnde Beschäftigung unterbrechen, zerstören Sie die Konzentration und Ausdauer Ihres Kindes – wertvolle Lektionen, die es sich selbst erteilt. Es wird unbefriedigt sein, ein Gefühl der Enttäuschung und Ruhelosigkeit wird es erfüllen. Und sehr wahrscheinlich wird sich das Kind in bewußtem Unfug Luft machen.

Und was ist diese Lästigkeit, die wir so befürchten, falls wir die Kinder nicht korrigieren würden? Wir sagen, wir verbessern sie zu ihrem eigenen Wohle, und meistens glauben wir das auch ehrlich. Aber es ist merkwürdig, wie oft das, was wir als zu ihrem Besten ansehen, zugleich mit unserer eigenen Bequemlichkeit übereinstimmt: wir sind alle so eifrig mit unserem erwachsenen Frosch-Werk beschäftigt, daß wir vergessen, daß die kleinen Kaulquappen ihr eigenes Werk zu verrichten haben – das Werk, zu Männern und Frauen zu werden.

Und das ist die Arbeit, die nur sie selbst tun können. Die größte Hilfe, die wir ihnen zu bieten vermögen, ist, uns ruhig in Bereitschaft zu halten und dafür zu sorgen, daß sie frei sind, sich in ihrer eigenen Weise zu entwickeln. Wir können andererseits ihre Arbeit sehr erschweren. Wenn wir beharrlich sagen ‚Mutter weiß es am besten' und uns bemühen, ihren aufwachsenden Verstand und Charakter nach unseren eigenen Maßstäben zu formen, werden wir nur die Zerstörung der Selbstbildung erreichen. Wir werden dann die Konzentrationskraft des

Kindes dadurch brechen, daß wir seine Aufmerksamkeit auf Gegenstände fixieren, die es noch nicht interessiert. Und es wird tückisch werden, wenn wir zu streng darauf bestehen.

Aber wenn wir unsere ganze Haltung ändern und uns selbst sagen: ‚Das Kleinkind weiß, was das beste für es ist. Laßt uns selbstverständlich darüber wachen, daß es keinen Schaden erleidet. Aber statt es unsere Wege zu lehren, laßt uns ihm Freiheit geben, sein eigenes kleines Leben nach seiner eigenen Weise zu leben.' Dann werden wir, wenn wir gut beobachten, vielleicht etwas über die Wege der Kindheit lernen.

Dies ist eine neue Weise, das Problem der Verantwortung zu betrachten, die so schwer auf vielen Eltern lastet. Viele von uns, die versucht haben, die Wege der Kindheit von den Kindern her zu lernen, statt sie aus ihren eigenen Ideen abzuleiten, waren überrascht von den Entdeckungen, die sie machten. Es gibt einen Punkt, in dem wir alle übereinstimmen – Kinder leben in einer Welt ihrer eigenen Interessen und das Werk, das sie dort verrichten, muß respektiert werden. Denn obwohl viele kindliche Aktivitäten Erwachsenen zwecklos scheinen mögen, benutzt sie die Schöpfung zu ihren eigenen Zielen. Sie baut Geist und Charakter ebenso auf wie Knochen und Muskeln.

Die größte Hilfe, die Sie Ihren Kindern geben können, ist Freiheit, ihre eigene Arbeit in ihrer eigenen Weise anzupakken, denn in dieser Materie kennt sich Ihr Kind besser aus als Sie."

(Aus: Maria Montessori, Spannungsfeld Kind – Gesellschaft – Welt, S. 12ff.)

Schade, daß es keinen Bericht darüber gibt, wie die Zuhörer 1930 in London reagiert haben, als Maria Montessori in ihrem Vortrag dieses sagte. Bei einem Elternseminar habe ich den Text vorgelesen. Erst kam nur Schweigen. Dann: „Ja, aber wenn die Erwachsenen dem Kind nicht sagen, wo es langgeht, dann wird nichts aus dem Kind. Wo soll es denn sein Wissen hernehmen? Wir haben ja schließlich schon Erfahrungen gemacht!" Auch Erzieherinnen äußern sich ähnlich: „Wir müssen doch den Eltern und dem Träger nachweisen, was wir tun. Wir sollen die Kinder einfach so spielen lassen ... Na ja, probiert habe ich das noch nicht!" Maria Montessori hat recht, wir lassen die Kinder nicht selbst ihre Wege gehen. Wir meinen, daß sie nur das lernen, was wir sie lehren. Vom Kleinstkindalter an räumen wir dem Kind kaum die Chance ein, den Tag über das zu tun, was es möchte, ohne daß wir uns einmischen. Liegt es daran, daß wir Angst haben, in der Erziehung etwas zu versäumen? Wir versäumen lediglich etwas, wenn wir dem Kind nicht die notwendige Freiheit für schöpferisches Lernen bieten. Manches, was das Kind tun will, halten wir für nicht kindgemäß und unterbinden es deshalb, aber auch weil es unseren gewohnten Gang stört. Wenn Kinder konzentriert arbeiten und spielen, dann stellen sie selten etwas an. Sie sind viel zu beschäftigt. Da baut ein Kind eine lange Straße von einem Zimmer in der Wohnung zum anderen. Müssen wir es in sein Kinderzimmer zurückverweisen und sein Spiel dadurch stören? Eine Stunde lang waren wir selbst beschäftigt und haben die Aktivität des Kindes gar nicht bewußt wahrgenommen. Plötzlich stören wir das Kind bei seinem Tun. Für das Kind ist das nicht faßbar. Es zerstört seine Straße verärgert, die Klötze liegen herum, es räumt sie nicht auf. Wahrscheinlich hätte es noch lange Zeit konzentriert gespielt, hätten wir es nur zugelassen. Maria Montessori fordert Verhaltensänderungen von uns Erwachsenen und dies zu Recht. Kinder sind nicht Geschöpfe, die durch die Erwachsenen zurechtgebogen oder gar zugerichtet werden müssen. Sie sind individuelle Menschen mit Fähigkeiten und eigenen Ideen.

Wenn es uns gelingt, Kinder wirklich freizulassen, so sind wir erstaunt, was sie alles alleine schaffen. Besonders wenn wir kindliche Aktivitäten als zwecklos erachten und sie deshalb unterdrücken wollen, begehen wir Erziehungsfehler. Das Kind muß Erfahrungen selbst machen und braucht die Übung. Schon das Kleinkind, das versucht, einen Holzbaustein durch eine Öffnung in einem Kasten zu stecken, wird viele, viele Versuche machen. Wie oft sind wir gewillt, ihm zu helfen.

Das dürfen wir aber nicht. Das Kind hat an dem Versuch seine Freude und jubelt, wenn der Stein hineingeplumpst ist. Durch die sich wiederholende Übung gewinnt es Sicherheit. Beim nächsten Mal geht es schon schneller. Das Kind verspürt immer größeren Erfolg und „entdeckt", daß es für die Bewältigung einer Aufgabe hilfreich ist zu üben.

Wir sollten also Maria Montessoris Auftrag ernst nehmen: „Die größte Hilfe, die Sie Kindern geben können, ist Freiheit, ihre eigene Arbeit in ihrer eigenen Weise anzupacken ..."

3.21 Laß deinem Kind sein Geheimnis

„Sehr wenige Erwachsene vermuten auch nur, daß Kinder ein eigenes Geheimnis haben. Tatsächlich habe ich einige Eltern gekannt, die sich schon über die bloße Vorstellung ärgerten, ihre Kinder könnten etwas vor ihnen zu verbergen wünschen.

Eine ratlose Mutter, die immer wissen wollte, was ihr kleines Mädchen jede Minute des Tages gerade tat, und die ihm dauernd Fragen stellte und dreinredete, konnte nicht verstehen, warum das Kind ein unbezähmbares Temperament entwickelt hatte. Sie war sehr böse auf mich, als ich ihr sagte, dies sei nichts anderes als das unbewußte Bemühen des Kindes, sein Geheimnis zu bewahren.

‚Geheimnis!' Sie sah mich verdutzt an, und dann fügte sie aufgebracht hinzu: ‚Joan hat keine Geheimnisse vor mir. Ich versuche immer zu zeigen, wie interessiert ich an allem bin, was sie tut. Wenn sie aufwächst, möchte ich, daß sie mich als ihren allerbesten Freund empfindet und sie mir alles sagen kann.'

Ich brauchte lange Zeit, sie zu überzeugen, daß, wenn sie in ihrer Haltung verbliebe, das Kind auch in seiner Laune verbliebe, bis eine unüberwindliche Barriere sie trennen würde.

Ein Kind mit weniger Geist mag leicht gerade in der entgegengesetzten Weise reagieren und ein kleines Echo seiner

Mutter, ohne jede persönliche Eigenart werden, bereit, alles Beliebige mitzumachen, gefällig, gewinnend schwätzend – aber ein kleines Nichts. Ein Kind ohne ein Geheimnis wird ein Erwachsener ohne Personalität.

Dieses Geheimnis, das Kinder haben, ist nichts so sehr Mysteriöses. Es ist das Prinzip ihres eigenen Werdens, das sie unmöglich jemandem erklären können, wenn auch ein törichter Erwachsener versuchen möchte, ihnen ihr Geheimnis zu entreißen.

Heutzutage sind wir alle so wissenschaftlich, so eifrig bemüht, das Warum und Weshalb aller Dinge zu verstehen, daß viele gewissenhafte Eltern ohne Überlegung versuchen, ihre Kinder durch Ausfragen zu begreifen. Aber das heißt, nach dem Geheimnis des Kindes fragen, und das nimmt es übel. So kann aus solchen Versuchen nichts Gutes kommen. Wenn ein Kind eine hübsche Blume sieht und seinen Namen und seine Farbe zu erfahren wünscht, sagt die kluge Mutter, daß die Blume eine Rose und die Farbe rot sei. Sie hat Hilfe gegeben, als sie verlangt wurde, und das Kind ist zufrieden. Wenn es das aufgefaßt hat und mehr wissen möchte, wird es von sich aus fragen. Aber wenn die Mutter zu ihm sagt: ‚Warum willst du den Namen der Blume wissen?', ‚Warum interessierst du dich plötzlich für Farbe?' Dann kann das Kind es ihr nicht sagen; es bemüht sich und wird verwirrt. Die Mutter hat versucht, in sein Geheimnis einzudringen. Wenn es das nächste Mal etwas wissen möchte, wird es seine Lehrerin fragen, die ihm keine unangenehmen Gegenfragen stellt – d. h., wenn sie eine von unseren Lehrerinnen ist. Als z. B. ‚Klein Joan von den schrecklichen Launen' in eine unserer Schulen kam, wußte sie am ersten Tage nicht, was sie anfangen sollte, weil niemand ihr dreinredete oder ihr Fragen stellte. Sie betrachtete alle Gegenstände, mit denen die Kinder arbeiteten, nahm die Zahlenketten, und als die Lehrerin ihr gezeigt hatte, was mit ihnen zu tun sei, blieb sie sich selbst überlassen. Schließlich brachte sie ein paar Sandpapierbuchstaben zur Lehrerin und stellte nun selbst einige Fragen.

Um 11 Uhr tat sie einen großen Seufzer und sagte: ‚Was für eine Menge habe ich getan!' Und sie hatte tatsächlich versucht, ein klein bißchen von allem zu machen. Am nächsten Tag tat sie das gleiche, ging von einem Material zum anderen, aber blieb ein bißchen länger bei jedem. Und am dritten Tage wurden sie wirklich vom Berühren eines Figurensatzes gefesselt, und nun saß sie eine volle Stunde ganz gesammelt damit beschäftigt, sorgfältig die Ecken und Kurven mit ihren Fingern zu umfahren und dann den Umriß sorgsam nachzuzeichnen.

Von diesem Tag an wurde sie ein anderes Kind, lebhaft und mit großer Konzentrationskraft bei ihrer Arbeit. Und da niemand sie störte, erlebten wir bei ihr keine Spur von Launenhaftigkeit in der Schule. Natürlich war sie zu Hause nicht so schnell kuriert, aber wir baten ihre Mutter vorbeizukommen und die Kinder bei der Arbeit zu beobachten. Und wir erklärten ihr, wie wichtig es ist, nicht in die Beschäftigung eines Kindes einzugreifen, außer wenn es um Hilfe bittet. Solange ein Kind aktiv an dem, was es gerade tut, interessiert ist und kein Schaden in seiner kleinen Aktivität liegt, arbeitet es zweifellos an seiner eigenen Entwicklung. Und mit jedem neuen Gedanken, den es gerade erfassen mag, baut es seine Konzentration und Selbstdisziplin auf.

Ein Kind weiß nicht, warum es zu einem bestimmten Zeitpunkt an einem bestimmten Gegenstand oder einer bestimmten Bewegung interessiert ist – wichtig ist, *daß* es interessiert ist und daß es natürlich für seinen Geist ist, genauso wie sein Leib zu wachsen. Deswegen ist das, was es im Augenblick interessiert, seinen Bedürfnissen angemessen.

Wir nennen unsere Schulen ‚Kinderhäuser', und in ihnen sind die Kinder die Hausherren. Wenn wir Besucher haben, lassen wir sie sich nicht benehmen, als ob die Kinder kleine Schauobjekte zum Ausfragen wären. Unsere Besucher kommen als Gäste zum ‚Haus der Kinder', und wir erwarten, daß sie unsere Kinder respektieren, wie Gäste ihre Gastgeber respektieren. Gäste fragen nicht: ‚Was machst du da gerade?', ‚Warum tust du dies?', ‚Was bedeutet das?'

Das Sondieren ist für uns nutzlos, denn die Kinder können nicht mehr Rechenschaft über die Tätigkeit ihres Geistes abgeben als über die ihres leiblichen Wachstums. Aber wir können ihre Entwicklung stören, wenn wir unbedacht handeln; wir können den Sinn des Kindes für Unabhängigkeit durch gedankenloses Fragen zerstören.

Unser Part ist es, Hilfe zu geben, wenn wir gebeten sind. Wenn wir achtgeben, nicht in kindliche Aktivitäten und Interessen einzugreifen, solange sie nicht schädlich sind, wird die Schöpfung für die Entwicklung des Kindes sorgen.

Ihre kleinen Söhne und Töchter sind Männer und Frauen im Werden. Lassen Sie sie ihr kindliches Geheimnis wahren, und Sie werden die Genugtuung erfahren, daß sie sich an Sie um Hilfe wenden, wenn sie sie brauchen. Und durch die Jahre werden Sie sehen, wie das Geheimnis ihrer Kindheit zu erwachsener Stärke des Charakters und echter Unabhängigkeit heranwächst."

(Aus: Maria Montessori, Spannungsfeld Kind – Gesellschaft – Welt, S. 14ff.)

Auf einige Gedanken dieses Textes will ich besonders hinweisen, da sie der aktuellen Diskussion entnommen sein könnten. Wie viele Eltern quälen ihre Kinder nach Eintritt in den Kindergarten mit unzähligen Fragen. Sie wollen einfach alles wissen. „Wie hat es dir heute gefallen? Hast du schon einen Freund? Was hast du gespielt? Was habt ihr alles gemacht? Wart ihr heute im Garten?" Der Fragenkatalog läßt sich nahezu endlos erweitern. Das Kind, glücklich darüber, daß es nun einen eigenen Erlebnisraum hat, mag diese Fragen nicht beantworten. Es erzählt, was es möchte, und behält viele „kleine Geheimnisse" für sich.

Diese Situation wird insbesondere zwischen Mutter und Kind schnell konfliktreich. Manche Mütter helfen sich damit, daß sie sich nach dem Wochenplan im Kindergarten erkundigen und diesen ganz gründlich studieren. Und wieder wird gefragt: „Habt ihr heute das Lied vom Frosch gelernt? Ihr habt doch heute gemalt, warum hast du dein Bild nicht dabei?"

Ich erinnere mich an Kinder, die grundsätzlich ihre Bilder im Kindergarten lassen wollten bzw. sie dort aufhängten. Jede Mutter/Vater sieht ihrem/seinem Kind an, ob es einen schönen Tag im Kindergarten hatte, und sollte sich gedulden, warten können auf einen eventuellen Bericht des Kindes. Kinder erzählen meist dann, wenn sie sich nicht mehr bedrängt fühlen. Hoffentlich sind wir dann bereit zuzuhören.

Das Beispiel des Kindes Joan ist beeindruckend. Joan hat zur inneren Aktivität zurückgefunden und wieder die Basis erreicht, auf der schöpferisches Lernen überhaupt erst möglich ist. Wie können wir aber der Mutter zeigen, wie sich ihr Kind verändert hat? Maria Montessori schlägt vor, daß die Mutter in die Einrichtung kommen soll, um ihr Kind zu beobachten. Dies entspricht dem Ansatz der offenen Elternarbeit. Eltern können erleben, wie sich das Leben in einer Kindertageseinrichtung abspielt, und beobachten, wie sich ihr Kind, aber auch die Erzieherin gegenüber dem Kind verhält. Solche Besuche müssen gemeinsam mit Eltern reflektiert werden, damit sie verstehen können, warum die Erzieherin in einzelnen Situationen ein bestimmtes Verhalten gezeigt oder z.B. nicht eingegriffen hat. So erhalten Eltern Impulse für die häusliche Erziehung, und die Erziehungsmethoden können sich im Sinne einer familienergänzenden Erziehung einander annähern.

3.22 Die Konzentration und die Erzieherin

„Konzentration ist ein Teil des Lebens. Sie ist nicht das Ergebnis einer Erziehungsmethode. Alle diese Abweichungen sind nicht Krankheiten, sondern die Resultate von Repressionen. Repressionen sind Unterdrückungen von Energien. Offensichtlich muß eine unterdrückte natürliche Energie, die mächtig genug ist, ein Individuum zu entwickeln, zuerst von der Repression befreit werden, bevor tätiges Leben heilen kann.

Repressionen sind keine Krankheiten. Kranke Menschen werden ins Krankenhaus gebracht. Aber wenn wir diese schwierigen Kinder in ein Krankenhaus schicken würden, würden sie nicht geheilt. Psychologisch gesagt, sind alle Kinder verletzt.

Es gibt nur eine Weise der Entwicklung, die normale. Wenn sie in ihrem Gang gestört wird, wird sie fehlgeleitet. Aber jedes noch so fehlgeleitete Individuum besitzt die Tendenz, zur Normalität zurückzukehren. Wenn das nicht so wäre, könnten wir gar nichts tun. Alles, was wir also zu tun haben, ist, diese Kraft frei zu bekommen. Nur darum geht es. Es heißt nicht, den Kindern Freiheit im gewöhnlichen Sinn zu geben. Was für einen Sinn hat Freiheit, wenn es sich um Freiheit zur Entwicklung ihrer Abweichungen handelt? Wenn wir von Freiheit in der Erziehung sprechen, so meinen wir Freiheit für die schöpferische Kraft, welche der Lebensdrang zur Entwicklung des Individuums ist. Es handelt sich nicht um eine zufällige Kraft, wie um die einer explodierenden Bombe. Diese Kraft hat eine Lenkung, eine sehr feine, unbewußte Direktive, deren Sinn es ist, einen normalen Menschen zu entwickeln. Wenn wir von freien Kindern sprechen, denken wir an diese Kraft, die zum rechten Aufbau der Kinder frei sein muß. Diesem Zweck müssen wir helfen. Wenn wir das tun, so erleben wir, daß die Kinder zu diesem Lebensdrang zurückfinden und normal werden. Und wenn das geschieht, schwinden alle Abweichungen.

Dieses Phänomen entsteht aus den Lebensbedingungen. Und so muß die Behandlung schwieriger Kinder darin bestehen, ein freies Leben für sie vorzubereiten, in der Vorbereitung einer Umgebung, weil die Umgebung Teil des Lebens ist und es Leben ohne Umgebung nicht gibt. Dies ist eine sekundäre Vorbereitung. In der richtigen Umgebung entsteht Normalität in natürlicher Weise von selbst. Sie müssen verstehen, daß Sie ganz unartige Kinder nicht urplötzlich verwandelt sehen, wenn sie in der richtigen Umgebung sind. Jedes Kind hat seine besondere Weise von Unartigkeit. Jedes Kind ist anders, und jedes Kind reagiert also anders. So wird sich eines Tages ein

Kind auf eine bestimmte Arbeit konzentrieren. Und danach werden wir empfinden, daß es sich geändert hat. Aber Ihr Auge muß geübt sein, dieses Phänomen zu erkennen, wenn es sich ereignet. Solche Tatsachen bemerken Sie gemeinhin gar nicht, besonders wenn es sich um solche geistiger Art handelt. Ich kann Ihnen nicht Brillen geben, dies zu sehen. Wenn ein Kind sich konzentriert, so verändert sich sein Charakter. Es ist, als nähme es eine Maske ab. Angenommen, Sie hätten eine Klasse von dreißig lauter ungeordneten und unaufmerksamen Kindern außer zweien, die normal sind. Die Lehrerin muß fähig sein, die Andersartigkeit dieser Kinder zu erkennen. Es ist nicht so leicht, den Unterschied zu sehen, weil Akte der Zerstörung und der Unordnung so viel leichter zu bemerken sind als normales Verhalten. Die Erzieherin sieht die Fehler. Eine andere greift nicht ein, wenn ein Kind ein Lehrmaterial zerstört, weil sie vermeint, es handele sich um einen Augenblick der Konzentration. Anfänger des Biologiestudiums müssen Dinge unter dem Mikroskop beobachten, aber ehe ihre Augen nicht geübt sind, können sie gar nichts erkennen. So müssen auch die Augen des Erziehers geschult sein. Eine Sensibilität muß sich in der Erzieherin entwickelt haben, um dieses flüchtige Phänomen der Konzentration erkennen zu können, wenn es sich ereignet.

Vor vierzig Jahren sah ich zum erstenmal ein Kind sich konzentrieren. Es war ein Kind von drei Jahren in einer Klasse von fünfundvierzig anderen. Es arbeitete mit den Zylindern. Die anderen waren auch beschäftigt, aber das Wunderbare bei diesem kleinen Kind war die große Aufmerksamkeit, mit der es arbeitete, und die Tatsache, daß es die Übung viele Male wiederholte. Dies schien mir nicht normal zu sein. Es *war* normal, aber ich hatte die Psychologie jener Tage studiert, welche behauptete, daß kleine Kinder unfähig seien, sich zu konzentrieren. Als ich sah, daß dieses Kind sich so lange auf ein Interesse konzentrierte, zählte ich, wie oft es die Übung wiederholte ... Und dann bat ich die Erzieherin, alle anderen Kinder singen zu lassen. Sie sangen alle, aber dieses Kind blieb immer noch von seiner Aufgabe gefesselt. Dann hörte das

Kind plötzlich auf. Es hatte die Übung vierzigmal oder öfter getan. Es hatte sich nicht stören lassen. Es hörte auf, als innerlich etwas beendet war, ein Zyklus der Aktivität. Dieser Zyklus der Aktivität endet in einem Augenblick. Etwas hatte sich innerlich ereignet, was von großer Bedeutung war, auch wenn es sich nur bei einem dieser fünfundvierzig Kinder ereignete. Wenn ich die Konzentration dieses Kindes nicht bemerkt hätte, hätte es die Erzieherin auch nicht getan. Sie hätte darauf bestanden, daß das Kind mit all den anderen eingestimmt hätte, als das Singen begann, und so wäre die Konzentration zerstört worden ...

Wenn sie sich konzentriert haben, sind die Kinder anders. Sie haben keine besonderen Unarten mehr. Sie lösen sich und arbeiten selbständig. Unordentliche Kinder fangen an, Ordnung zu lieben. Alle werden so ordentlich, daß Unordnung etwas Außergewöhnliches wird. Sie sind genau. Sie betreten einen neuen Pfad.

Wenn die Kinder in dieser Weise normal werden, so ist ein neuer Typus von Erzieherin nötig. Eine Erzieherin, die der Normalität helfen kann. Das erste, was diese Erzieherin tun muß ist, eine Umgebung zu bereiten. Sie muß alles in der Umgebung in Ordnung bringen. Sie muß darauf achten, daß das Material in vollkommenem Zustand ist. Sie muß dafür sorgen, daß alles anziehend ist, so daß die Kinder die Umgebung mögen, sobald sie hereinkommen. Die Erzieherin erwartet von den Kindern, daß sie ordentlich sind, und daher muß sie selbst ordentlich sein. Die Erzieherin muß selbst gepflegt sein und gut gekleidet. Sie muß sauber und ordentlich sein und einen Teil der Anziehungskraft der Umgebung bilden. Wir müssen als Erzieherinnen Frauen haben, welche sich so schön wie möglich machen wollen, selbst wenn sie allein im Zimmer mit kleinen Kindern von drei bis sechs Jahren sind. Sie müssen etwas tun, das fast geheimnisvoll ist, sie müssen die kleinen Seelen anziehen und Teil des Reizes der Umgebung sein ...

Die Erzieherin muß auch verstehen, daß die Umgebung den Kindern gehört. Die Umgebung ist nicht die ihre, weil sie die Erzieherin ist. Es ist die Umgebung, in welcher sie dem kleinen Kinde hilft, Herr dieser Umgebung zu werden. Das, was in der Gesellschaft fehlt, ist ein Platz für die Kinder, wo sie nicht unterdrückt werden, sondern Mittel zur Entwickung finden.

Die Erzieherin muß den Kindern helfen, unabhängig zu werden, um selbst die Umgebung in Ordnung zu halten. Sie muß sehr stolz darüber sein zu sehen, daß diese Kinder sich normalisieren. Die Erzieherin kann am stolzesten sein, wenn sie gar nicht mehr nötig ist, weil alle Kinder normal sind. Sie ist eine außerordentlich erfolgreiche Erzieherin, wenn sie sagen kann: ‚Die Kinder können alles allein tun, sie brauchen mich nicht.' ‚Diese Kinder sind anders geworden, weil ich sie in der rechten Weise behandelt habe. Ich habe diesen Lebenskräften Freiheit gegeben. Jetzt können sie vorangehen, sich entwickeln, während ich mich mehr und mehr zurückziehen kann.' Eine Erzieherin, die das sagen kann, ist eine Erzieherin, sie ist eine Erzieherin für das Leben.

Zuerst ist das Phänomen der Konzentration notwendig. Dann sind die Kinder ruhig. Sie bewegen ihre Hände nur, wenn sie arbeiten. Ein Kind, das sich sammelt, stört die anderen nicht. Die Erzieherin muß den ersten Augenblick der Konzentration erkennen und darf ihn nicht stören. Die ganze Zukunft geht aus diesem Augenblick hervor. Und daher muß die Erzieherin willens sein, sich nicht einzumischen, wenn er eintritt. Dies ist sehr schwierig, weil die Erzieherin sich alle Augenblicke einmischen muß, *bevor* die Kinder normalisiert sind. Im allgemeinen reden die Erzieherinnen drein, wenn ein Kind arbeitet. Sie gehen hinzu und sehen, was die Kinder tun, und loben sie. Dieses Lob ist eine Störung. Die Erzieherin verbessert Fehler. Auch dies ist eine Beeinträchtigung, auch wenn es eine gutgemeinte Unterbrechung ist …

Während Sie, wenn das Kind ernsthaft arbeitet, oft hinzutreten und sagen: ‚Was tust du da? Zeige es mir!', ist die Konzentration zerstört, sie ist vorbei. Stören Sie also nie, wenn ein Kind von sich aus arbeitet. Machen Sie sich keine Sorge darüber, ob es Fehler macht. In diesem Augenblick brauchen

Sie es nicht zu verbessern. Das Wichtigste ist nicht, daß das Kind mit dem Material richtig umgeht, sondern daß das Material die Aufmerksamkeit des Kindes auf sich gezogen hat. Das Kind verbessert sich selbst, indem es die Übung wiederholt, oder durch die Fehlerkontrolle, die bei manchem Material sehr genau ist. Wenn Sie unterbrechen, so hört das Interesse des Kindes auf. Das Entzücken, sich selbst zu korrigieren, ist dahin. Es ist, als ob das Kind sagte: ‚Ich war innerlich bei mir selbst. Du hast mich angerufen, und jetzt ist es vorbei. Jetzt hat dieser Gegenstand keine Bedeutung mehr für mich.' Ein Kind braucht kein Lob. Lob durchbricht die Bezauberung. Es ist nicht das bestimmte Material, das das Kind interessiert. Es ist eine große innere Energie, die entstehende Normalität, und diese durchbrechen Sie, wenn Sie sich einmischen.

Die Erzieherin muß sehr gebildet sein und bereit, das Phänomen der Konzentration zu erkennen, sobald es eintritt. Sie muß bereit sein, nicht einzugreifen und nicht zu verbessern. Wenn Korrektur notwendig ist, so muß sie diese indirekt, zu einer anderen Zeit geben, niemals aber im Augenblick wirklicher Konzentration. Dies ist der Augenblick der Eroberung, die Zeit, in der das Kind sich selbst unterrichtet gemäß dem Drang der Natur ...

Die Arbeit der Erzieherin ist es, die Kinder zur Normalisierung, zur Konzentration zu führen. Sie ist wie der Schäferhund, der hinter den Schafen hergeht, wenn sie sich zerstreuen, und der alle Schafe hereinleitet. Die Erzieherin hat zwei Aufgaben: die Kinder zur Konzentration zu führen und danach ihnen in der Entwicklung zu helfen. Die fundamentale Hilfe in der Entwicklung, besonders bei Kindern von drei Jahren, ist das Nichteingreifen. Einmischung hemmt Aktivität und hemmt die Konzentration ...

Wir brauchen nicht zu bestrafen oder zu schimpfen oder zu ermahnen, wenn wir schlechtes Benehmen abstellen. Wir können das Kind auffordern, zu kommen und im Garten Blumen zu pflücken, oder wir können ihm ein Spielzeug anbieten oder irgendeine Beschäftigung, die es anziehen mag. So können wir sie heute unterhalten; und nach einer gewissen Zeit wird etwas aus der verborgenen Seele des Kindes hervorkommen, und es wird sich konzentrieren und ein neues Leben haben. Es wird sich normalisieren.

Wir müssen geduldig warten. Es wird nicht lange sein, denn die Natur drängt das Kind zur richtigen Tätigkeit. Danach muß die Umgebung nun geeignet sein, bereitet für die Entwicklung des Kindes. Die Unarten verschwinden, und die Kinder arbeiten auf die rechte Weise."

(Aus: Maria Montessori, Spannungsfeld Kind – Gesellschaft – Welt, S. 20ff.)

Konzentration ist ein Teil des Lebens. Diesen Satz kann jeder Erwachsene bestätigen. Wir alle kennen Situationen, in denen wir uns nicht konzentrieren können. Beinahe alles geht daneben, wir sind mit uns selbst unzufrieden und fühlen uns nicht wohl. Auch die Menschen in unserem Umfeld nehmen wahr, daß wir sozusagen nicht so ganz „in Ordnung sind". Wenn wir unter Druck stehen, etwas ganz schnell schaffen müssen, dann unterlaufen uns oft Fehler, wir fühlen uns überfordert und können uns nicht konzentrieren. Bei Kindern fällt es besonders auf, wenn sie sich nicht konzentrieren können. Solange sie in ihr Spiel versunken sind, bleiben sie unauffällig und stören nicht. Als Eltern und Erzieher sollten wir aber gerade dieser Phase der Konzentration unsere besondere Beachtung schenken und durch Beobachtung herauszufinden versuchen, was Kinder so gebannt und konzentriert arbeiten läßt. Ein auffälliges oder „schwieriges" Kind erweckt sofort unsere Aufmerksamkeit, eben weil es stört und damit signalisiert, daß etwas mit ihm in „Unordnung" ist.

Wir sollten ein Kind in seiner Konzentration nie stören. So sind auch die Aussagen Maria Montessoris zu den Komplexen Lob und Strafe wichtig. Ein gut gemeintes Lob, das jedoch das konzentrierte Spiel des Kindes unterbricht, kann genau das Gegenteil bewirken. Das Kind unterbricht nicht nur seine Tätigkeit, sondern bricht sie vielleicht sogar ganz ab. Das wollen wir jedoch nicht erreichen!

So muß eine unserer Erziehungsabsichten oder unser Ziel sein, Kindern zu helfen, den Weg zur Konzentration zu finden und damit auch gleichzeitig zur eigenen schöpferischen Tätigkeit und zum Lernen. Maria Montessori verweist uns immer wieder auf das Prinzip der Freiheit und die dadurch mobilisierten Eigenkräfte des Kindes. Es klingt so einfach, und doch schaffen es so wenige Erzieherinnen und Eltern, in Freiheit zu erziehen, und bevorzugen noch immer eine „Eingriffspädagogik" und die scheinbar unverzichtbare Anleitung. Solange aber das kindliche Tun von der Weisung des Erwachsenen gesteuert wird, so lange kann es sich im Sinne Maria Montessoris nicht „normalisieren". Kinder brauchen eine Umgebung, die ihnen gehört, in der sie „Herr" sind. Es hat sich bis heute nicht verändert: „Das, was in der Gesellschaft fehlt, ist ein Platz für die Kinder, wo sie nicht unterdrückt werden, sondern Mittel zur Entwicklung finden." Selbst wenn dieser Platz gegeben ist, gibt es noch viel zu viele Erzieherinnen und Eltern, die meinen, daß sie unentbehrlich sind und daß das Kind nur lernt (oder sich entwickelt), wenn sie ständig auf es einwirken. Wenn Kinder uns Erwachsene „nicht brauchen", so heißt das nicht, daß unsere Anwesenheit überflüssig ist. Es ist vielmehr die Bestätigung, daß es uns gelungen ist, die Kinder „freizulassen" und sie so zur Eigenaktivität und Konzentration zu führen. Wir können stolz sein, wenn uns dies gelingt.

3.23 Über Phantasie und Märchen

„Für Kinder unter sechs Jahren ist es charakteristisch, daß man sie kaum unterrichten kann. Sie können von einem Lehrer nicht gewinnen. Deshalb hält man sie für zu jung, in die Schule zu gehen, und beginnt den Unterricht nicht, bevor sie sechs Jahre alt sind. Andererseits ist es charakteristisch für dieses Alter, daß die Kinder schon viel wissen und verstehen. Sie sind voll von Wissen. Das scheint ein Widerspruch zu sein.

Aber die Wahrheit ist, daß diese Kinder das Wissen selbst aus der Umgebung gewinnen müssen.

Die Natur verteidigt dieses Alter, denn es ist ein Alter geistigen Aufbaues, und bei allem Aufbau gibt es eine Regel des Wachstums. Wir müssen ein klares Bild von diesen Kindern haben. Um zum Verständnis zu helfen, können wir in einem oberflächlichen Vergleich sagen, daß diese Kinder wie Küken sind, die nach ihrem Futter picken.

In einer natürlichen Umgebung frißt jedes Tier nur bestimmte Dinge unter bestimmten Bedingungen. Es gibt Tiere, die bestimmte andere Tiere fressen, aber sie fressen sie nicht, wenn sie schon tot sind. Diese Tiere sind Fleischfresser. Sie sind hungrig; wenn sie aber ein Tier der Art, wie sie es zu fressen gewohnt sind, tot daliegen sehen, gehen sie nicht daran. Sie hungern eher, als daß sie es fressen, denn sie fressen nur das lebende Tier. Sie folgen einem bestimmten Gesetz. Kinder folgen auch einem Gesetz. Sie können viel Wissen aus der Umgebung erwerben, aber sie können es nur durch ihre eigene Aktivität tun. Sie nehmen seelische Nahrung aus der Umgebung auf. Ihre Organe sind imstande, normal zu funktionieren. So können sie wachsen und ein normales Kind aufbauen ...

Wir wissen, daß Kinder von Anfang an aufnehmen und absorbieren. Sie absorbieren die Sprache der Erwachsenen, so daß sie nun, mit sechs Jahren, zuhören und wiedergeben können, was ihnen gesagt wurde, wenn es ihnen in einer bestimmten Form gegeben wird. Der Erwachsene erzählt ihnen Geschichten, das sind die berühmten Märchen. Spiel und Märchen sind die beiden Dinge, welche die modernen Betrachter besonders erwähnt haben. Sie sehen Spiel als einen wichtigen Trieb an, der die Kinder in Richtung zur Arbeit führt, zur Nachahmung der Umgebung und zur Anpassung an sie.

Der Geist der Kinder ist in diesem Alter dafür offen, vom Erwachsenen aufzunehmen, damit sie ihr Sprechen entwikkeln und in ihrem Geist das Gehörte rekonstruieren. Diese Kraft der Rekonstruktion ist in ihnen lebendig, daß sie sich an diesen Geschichten, die ihnen erzählt werden, freuen und in ihnen leben ...

Jeder, der meinen Namen kennt, sagt, ich sei gegen die Märchen. Man sagt, daß ich meine, sie seien gefährlich für den Geist des Kindes. Nun habe ich niemals etwas behauptet, das ich mir ausgedacht habe, denn dann würde es sich nur um eine Theorie ohne Bedeutung handeln. Es würde nur eine Sache der Meinung sein und keine seriöse Feststellung. Ernsthafte Aussagen müssen aus der Beobachtung von Kindern stammen. Dies ist die Wahrheit. Ich habe noch nie irgendeine Meinung dargeboten. Wenn ich gegen Märchen wäre, so nicht aus einer Laune, sondern wegen bestimmter Fakten, die viele Male beobachtet wurden. Diese Tatsachen kommen von den Kindern selbst und nicht aus meinen Überlegungen. Ich habe nur die Tatsache bemerkt, daß Kinder in den Schulen mit ihren Händen zu arbeiten beginnen und sehr interessiert sind an Dingen der äußeren Welt. Wir bemerkten an diesen Kindern Veränderungen, die uns überraschten. Wenn sie arbeiteten, verschwand ihre Ungezogenheit ohne Zurechtweisung. Schüchternheit, Launenhaftigkeit, Unordentlichkeit verschwanden wie durch Zauber. Diese erstaunliche Tatsache machte unsere Erfahrung bedeutsam. Sie bewies ein wichtiges Faktum bezüglich des Kindes, das vorher nicht bekannt war. Mit diesen Unarten schwanden auch andere, an den Kindern gelobte Merkmale: extremer Gehorsam, Haften an der Mutter, Unterwürfigkeit usw. Auch diese verschwinden mit den Unarten. Und die große Liebe zu den Märchen verschwindet auch. Aus diesem Grunde sage ich, daß bestimmte Tatsachen in praktischer Hinsicht mit der Umgebung korrespondieren. Ich kann viele Fälle angeben, in welchen die Erzieherin den Kindern Märchen erzählte und diese allmählich fortgingen, besonders die Kleinen, bis schließlich nur die älteren Kinder übrigblieben und zuhörten. Die Kinder über sechs Jahren blieben, und die übrigen gingen, um spontan zu arbeiten ...

Das ist meine Erfahrung mit Kindern gewesen. Ich selbst liebe Märchen sehr, und ich liebe kurze Geschichten. Diese

Märchen sind sehr schön, phantastisch und unterhaltend. Wir lieben ein Theater oder einen Festball; wir lieben es, Leute in seltsamen und schönen Kostümen zu sehen. Wir sind bezaubert. Wir besitzen diese Art des Geistes. Märchen stellen sehr bedeutende Literatur dar. Wenn ich könnte, würde ich eine Sammlung aller Märchen in der Welt herstellen, so daß die Erwachsenen sie besser kennenlernten. Einige Märchen sind besonders geeignet für den Geist des kleinen Kindes und andere über Prinzen, die Prinzessinnen suchen usw., für den Geist des jungen Mädchens. Einige Märchen enthalten einen Akt der Gerechtigkeit als ihren zentralen Punkt. Es sind schöne kleine Geschichten für Kinder, aber sie dürfen nicht zum Ersatz jener Konzentration auf die Tätigkeit werden. Wir müssen erforschen, welche Eigentümlichkeiten vor allem diesen Schatz der Konzentration schenken. Wir können auch ergründen, welche Eigentümlichkeiten jener Geschichten vom kindlichen Geist aufgenommen werden und der Entwicklung seiner Einsichtsfähigkeit helfen.

Märchen sind kurz und stellen nur wenige Charaktere dar, die sehr deutlich sind. Die Personen sind charakteristisch. Einige Märchen handeln von armen Kindern, andere von Tieren. Es ist in jedem Märchen etwas, das die Menschen oder Tiere in einer ungewöhnlichen Weise bestimmt. Die Umgebung ist gleichfalls im allgemeinen begrenzt: es kann ein Palast sein, ein Wald oder eine Straße usw. Auch die Umgebung ist erleuchtet durch etwas, das die Einbildungskraft anregt. Die Einbildungskraft erhält nur *einen* Anreiz. Diese Art Materie führt oft zu innerer Tätigkeit, zur Rekonstruktion *einer klaren Sache*.

Wenn wir diesen Eigentümlichkeiten nachfolgen, so werden wir sehen, daß es möglich ist, unsere Gedanken Kindern zu vermitteln. Wenn wir die Methode benutzen, welche die Märchen anwenden, so können wir mit dem Geist des Kindes in Kommunikation treten. Gerade statt also irgendeinen Unterricht zu erteilen, müssen wir kurze Geschichten nach diesen Leitlinien vorbereiten. Sie müssen wenige, klar gezeichnete Personen mit ungewöhnlichen Eigenschaften enthalten. Es muß eine begrenzte Umgebung voller anziehender und neuer Dinge da sein, denn das Interesse des Kindes liegt auf der Seite des Phantastischen, des Ungewöhnlichen.

Kinder können jede Geschichte rekonstruieren. Aber sie lieben auch etwas, das mit Bewegung und einer realen Umgebung verbunden ist. Sie lieben etwas, womit sie hantieren können, so daß sie den Gedanken in ihrem Geist festigen können. Es mag sich um die Projektion von etwas handeln, das in ihnen ist: sie bauen mit Klötzen und Sand. Man lasse sie konstruieren in bezug zu dem, was sie in ihrem Geist haben. Man muß ihnen etwas Neues geben, das mit ihrer natürlichen Psychologie übereinstimmt.

Kinder können ohne Lehrer aus der Umgebung aufnehmen. Dies ist ihre natürliche Fähigkeit. Sie besitzen auch eine Fähigkeit zur Arbeit, die ihren Geist anregt. Wir haben diese Fakten vorher studiert. Nun müssen wir auch die Fähigkeit der Kinder sehen, Geschichten, die der Erwachsene erzählt, aufzunehmen. Wir können ihnen Geschichten erzählen, die wie Märchen sind und die doch auf diesem Wege Wissen vermitteln. Wir können z.B. Geschichte geben. Der Unterschied zwischen Geschichte und Märchen ist, daß Geschichte auf Tatsachen beruht und Märchen erfunden sind. Die Geschichte enthält Tatsachen, aber diese Tatsachen sind weit von uns fern, und sie erscheinen phantastisch. Wir können sie nicht sehen, wir können sie uns nur vorstellen. Geschichte kann eine Übung sein für die aufbauende Einbildungskraft. Man kann sie nicht durch die Sinne mitteilen, sondern nur durch die Phantasie. Die Kinder müssen die Einzelheiten rekonstruieren …

Wir können keine Entdeckungen machen, ohne daß wir uns zuerst vorstellen können, was wir suchen. Wir dürfen nicht denken, die Einbildungskraft wirke nur durch Märchen. Der ganze Intellekt arbeitet in der Art der Einbildungskraft. Alle Entdeckungen sind Früchte der Einbildungskraft des Menschen. Einbildungskraft ist die wirkliche Substanz unseres Geistes. Alle Theorie und aller Fortschritt kommen von der Fähigkeit des Geistes, etwas zu rekonstruieren. Als Darwin seine Entwicklungstheorie herausbrachte, gab er uns ein Beispiel, was die Einbildungskraft vermag, denn seine Theorie war nicht ganz richtig. Wir können keinen Fortschritt ohne Einbildungskraft erreichen. Viele wissenschaftliche Theorien sind durch die Einbildungskraft gebildet und später ausgearbeitet worden. Theorien werden wie Märchen in unserer Einbildungskraft empfangen und werden dann in unserem Verstand rekonstruiert. Dann kann die Theorie anderen vermittelt werden. Man kann den Leuten jede Theorie weitergeben. Viele von vielen Menschen angenommene Theorien werden später als unbefriedigend betrachtet und daher wieder ausgeschieden. Sie werden durch die Einbildungskraft aufgenommen. Jeder hat diese Fähigkeit, der, welcher entdeckt, und der, welcher aufnimmt und rekonstruiert. So kann der Bereich der Märchen nicht aus der Erziehung getilgt werden. Aber warum wollen wir nicht alles in einer anziehenden und interessanten Form, als Anreiz für die Einbildungskraft, darbieten? Wir dürfen das Wissen nicht kalt geben. Wenn wir das tun, wird es langweilig, besonders wenn die armen Kinder es auswendig lernen sollen. Alle Menschen sind Wesen mit Einbildungskraft. Einbildungskraft ist etwas Großes, das das Licht reflektiert und nach Erweiterung verlangt. Wir müssen alles in einer lebendigen Weise darbieten. Wir dürfen uns kleine Kinder nicht als Wesen denken, die nur nach Märchen verlangen. Sie benötigen etwas ihnen Angemessenes, aber wir können ihnen Leben geben. Die armen Kinder, die in der Schule sitzen und langweilige Tatsachen und Erklärungen anhören und auswendig lernen müssen, können nur zu einer niederen Geisteskraft gelangen. Diese Schulen sind Totenhäuser für den Geist des Menschen; diese Kinder werden tote, verstümmelte Geister haben …

Ich habe meine Meinung gesagt. Ich glaube, es ist die Wahrheit. Ich glaube, daß ein Wandel des Unterrichts in dem Sinne notwendig ist, daß das Wissen mit der Einbildungskraft aufgenommen wird und nicht durch Memorieren. Der Unterricht muß diesem Ziel entsprechend gegeben werden. Wer lernt, darf nicht gelangweilt oder ermüdet werden. Er muß zu größerer Begeisterung und zu mehr Nahrung gelangen. Die Schulen brauchen ein neues geistiges Leben. Das kleine Kind kann nicht immer zuhören. Ein Geist, der anfängt zu existieren, kann nicht alles durch Zuhören aufnehmen."

(Aus: Maria Montessori, Spannungsfeld Kind – Gesellschaft – Welt, S. 58ff.)

Viel zu oft wird die Pädagogik Maria Montessoris reduziert auf ihre Materialien. Daraus zieht man dann den schnellen Schluß, daß das Musische und die Phantasie der Kinder zu kurz kämen, daß z.B. Märchen keinerlei Bedeutung hätten. Um dies widerlegen zu können, bedarf es der Beschäftigung mit den Texten Maria Montessoris.

1946, in einem Vortrag in London, hat sie explizit zum Thema Phantasie und Märchen ihre Überlegungen vorgetragen. Auch der in der Literatur bekanntgewordene „Montessori-Fröbel-Streit" der zwanziger Jahre handelte mit an erster Stelle „über Phantasie und Märchen". All ihre Ausführungen zum Erziehungsverhalten, ihre Auffassung zu Freiheit in der Erziehung und zu Phantasie und Märchen gehören unverzichtbar zu dem Wissen, mit dem sich Erzieherinnen und Eltern beschäftigen müssen, wollen sie das „Geheimnis" der Montessori-Methode tatsächlich begreifen.

Kinder wollen Sprache entwickeln und sind offen, neue Formen vom Erwachsenen aufzunehmen. So brauchen sie auch Geschichten, an denen sie sich freuen und in denen sie leben können. Maria Montessori ist keineswegs gegen Märchen. Sie betont aber, wie wichtig es ist, die Kinder dabei zu beobachten: Wie reagieren sie auf bestimmte Märchen und welchen Stellenwert nahmen sie beim einzelnen Kind neben anderen Tätigkeiten ein? Sie sieht auch, daß man durch Märchen mit dem Geist des Kindes in Kommunikation treten kann. Kinder können Märchen und Geschichten in ihrem Inneren rekonstruieren und auch mit einer realen Umgebung in Verbindung bringen. Kinder brauchen diese Übung der Phantasie, um ihre Vorstellungskraft zu entwickeln und auszubilden. So meint

Maria Montessori, daß wir Kindern Wissen nicht „kalt geben" dürfen, da sie sich sonst langweilen, kein Interesse aufbauen können. Jeder Mensch ist ein Wesen mit Einbildungskraft. Seine Phantasie hilft ihm, sich Dinge vorzustellen. So müssen wir Kindern alles in einer lebendigen Art anbieten. Wenn Kinder sich langweilen oder nur noch stumpf nachsprechen oder auswendig lernen, dann verkümmert nicht nur ihre Phantasie, sondern auch ihre Freude an der eigenen Arbeit. Verständlich, denn es bleibt kein Raum mehr für schöpferisches Lernen.

So möchte Maria Montessori in der Arbeit mit Kindern nicht auf Märchen verzichten, ebensowenig auf phantasievolle Entfaltung. Sie erachtet die Märchen als sehr bedeutende Literatur und hätte am liebsten alle Märchen der Welt gesammelt.

3.24 Die „Lektion der Stille"

„Wie könnte man dann jemals eine *Schweige*-Lektion erteilen? Oder, von der objektiven Seite, d. h. von der Seite des Kindes, weist dies uns auf etwas ganz anderes hin, worauf wir beharren wollen, nämlich, daß wir alles, was wir die Kinder tun lassen wollen, *lehren müssen*. Wogegen man in den gewöhnlichen Schulen bestimmte Dinge, die man beibringen muß, mit Reden lehrt und anderes einfach *befiehlt*! Man sagt z. B.: ‚Ruhe!' Da haben wir's, das Kommando! Und gerade um ‚Ruhe' zu sagen, schlägt man manchmal noch auf irgend etwas. Das ist wahrlich ein Widerspruch. Es ist völlig unlogisch! Nun, wenn wir das Schweigen wollen, müssen wir es *lehren*. Und bevor wir es lehren, müssen wir noch etwas anderes tun. Wir müssen in Betracht ziehen, daß man es demonstrieren, kennenlernen lassen muß. Weil man gewöhnlich die Stille nicht kennt, verwechselt man sie mit einer gewissen Verminderung von Geräuschen, die gewöhnlich auch eine Verminderung von Unruhe bringt. Trotzdem weiß man, vor allen Dingen von der erzieherischen Seite her, daß die Stille einen sehr hohen inneren Wert hat und daß die Menschen, die sich zu vervollkommnen suchen oder die mit ihrer Intelligenz auf ein sehr hohes Niveau gelangen wollen, Künstler oder Dichter, diese Stille haben müssen. Das ist eine Notwendigkeit. Ist die Stille wahrhaft eine Notwendigkeit ...

Oder wenn Leute einen Besuch machen, wirkt es sehr befremdlich, wenn nur eine Minute des Schweigens entsteht; alles ist beunruhigt, man will dem abhelfen, man denkt: ‚Wie kann man in diesem Schweigen, dieser Leere verbleiben?' ...

Aber wenn ein Augenblick des Schweigens entsteht, daß alle verstummen, dann sucht man ängstlich auf jede Weise dieses Schweigen zu unterbrechen. Und wenn die Stille bewußt wird, meint man immer, es sei niemand da, weil es das doch nicht gibt, daß da Menschen versammelt sind, die im Schweigen verharren oder die gar das Schweigen zu bewirken suchen. Das heißt, man beginnt erst im sozialen Leben unserer Tage, das Schweigen als irgend etwas Feierliches anzuerkennen, wie die ‚Schweigeminute' ...

Und auch die Dichter haben das Schweigen besungen; der Dichter, der z. B. das Geräusch – und das ist nicht die Stille, sondern ein minimales Geräusch – eines fallenden Wassertropfens schildert. Trotzdem muß ich sagen, daß es nicht eine solche Betrachtung war, eine geistliche oder eine poetische, die mich dazu brachte, diese befremdliche Sache in die Schulen einzuführen, diese Lektion der Stille überdies noch für die ganz kleinen Kinder: denn es ist nun einmal *alles, was ich sage, das Ergebnis einer Erfahrung*; und es ist nun einmal auch ganz die Erfahrung, die mir Erstaunen und Überraschung gebracht hat. Und deswegen sage ich, daß *das Kind uns etwas lehren kann, uns eine Führung, ein Licht geben kann*. Das muß gesagt werden, weil die Kinder uns so oft zur Verwunderung bringen. Was soll das heißen? Daß wir diesen Gedanken vorher nicht hatten, daß wir ihn nicht erkannten, daß es also eine wunderbare Entdeckung ist. Diese Lektion hat, was das betrifft, eine Geschichte, die vielleicht fast alle von Ihnen kennen, wenigstens bilde ich mir das ein ...

Nun ist es wahr, daß man ruhig sein muß, um Stille zu bekommen, aber es ist auch wahr, daß man, indem man still ist, die Ruhe erlangen kann. Das sind zwei Dinge in einem. Diese Lektion des Schweigens ist also auf diese Art entstanden: Unter ganz bestimmten Umständen habe ich die Kinder aufgefordert, sich nicht zu bewegen. Ich trug nämlich in den Armen ein ganz kleines Kind von vielleicht vier Monaten, das völlig eingewickelt war; es war wach, aber ganz ruhig. Da wollte ich ein kleines Spiel machen. Ich sagte den Kindern: ‚Na, ihr werdet eure Beine nicht so stillhalten können wie dieses kleine Baby!' Und ich glaubte, daß alle mir mit Lachen antworten würden. Das war es, was ich erwartete, da ich eben einen Scherz machen wollte, weil natürlich eine eingewickelte Person leichter stillhalten kann als eine bewegungsfreie.

Doch ich bemerkte zweierlei: daß die Kinder nicht nur versuchten, sich so ruhig wie möglich zu verhalten. Sie machten in der Tat etwas, was Sie nicht tun würden, aber natürlich haben Sie nicht dieses Baby gesehen: Die kleinen Kinder setzten ihre Beine mit den Füßen ganz zusammen. Da hat mich dies natürlich verwundert; und überdies zeigten sie alle sehr ernste, sehr interessierte Gesichter. Jetzt suchte ich noch einen Scherz zu machen und sagte: ‚Ja, aber ich möchte noch etwas anderes sagen, das ihr sicher nicht machen könnt; hört ihr den Atem dieses kleinen Kindes? Man hört ihn wirklich nicht! Ihr würdet nicht auf so leise Art atmen können!' Nun würden die Kinder, glaubte ich, spätestens gelächelt haben. Aber im Gegenteil, die Gesichter der größeren waren ganz ernst, und sie machten alle eine Anstrengung, ihren Atem zurückzuhalten. Sehen Sie, und da trat die Stille ein.

Und diese Stille war eine Offenbarung. Ich hätte doch nicht gedacht, daß diese kleinen Kinder diese geheimnisvolle einfache Sache, welche die Stille ist, derart lieben würden. Jetzt begann ich zu verstehen, daß darin etwas verborgen lag. Das war hier etwas anderes, es war nicht die Tatsache, daß ich das kleine Baby in meinen Armen hatte, sondern es war hier *ein Phänomen* eingetreten. Da begann ich zu fragen, ob sie die Stille da an diesem Tage liebten, und sie sagten alle: ‚Ja!' Und dann sagte ich: ‚Wollen wir sie halten?' Und sie wünschten es sehr. Vielleicht waren sie glücklich gewesen bei diesem

Schweigen, aber sie hatten nicht verstanden, wie das kommt. Nun, um die Stille zu haben, darf man sich einfach *nicht bewegen. Und um sich nicht zu bewegen, muß man an alles denken, was sich bewegen könnte.* Man muß also die Beine und die Füße ganz still halten, auch die Hände und den ganzen Körper, daß man kein Schnaufen vernimmt. Hier würde es sehr schwierig sein, dies zu erreichen, aber wenn Sie wollen, könnten wir es versuchen. Vielleicht ... haben Sie nicht diesen Wunsch, völlig zu gehorchen, weil z. B. jemand von Ihnen fortfährt, Notizen zu machen, das gibt ein Geräusch. In der Tat haben wir manchmal versucht, die Stille gut zustande zu bringen. Aber gewöhnlich machte jemand Notizen, und man konnte das nicht verhindern, und das muß sich vervollkommnen. Man hört das Geräusch des Bleistifts, der über das Papier fährt.

Nun muß jeder an seinen eigenen Körper denken, daß er sich in absoluter Unbeweglichkeit verhält, und das ist einmal schwer, wenn man denkt, daß man sich nicht bewegt, und dann fühlt man gerade das Bedürfnis, irgendeine kleine Bewegung zu machen. Wenn man sagt: ‚Stille!', hört man jede Art von Geräuschen: Hm, hm, krr, krr, chi, chi usw. ... Das sind alles Geräusche jemandes, der kein Geräusch machen will, und es bedarf einer Vervollkommnung. Nun hatte ich begriffen, daß man dieser Sache eine gewisse *Feierlichkeit* geben muß und nicht kommen darf und einfach sagen: ‚Stille! Machen wir die Stille! Wir wollen ohne Bewegung verharren!' Es ist etwas Delikateres, Feierlicheres, man braucht wirklich *eine Erläuterung und eine Vorbereitung der Umgebung*. Deshalb werde ich Ihnen sagen, was man vorher tun muß, um diese Lektion vorzubereiten.

Alle Kinder müssen alles Material nehmen und fortlegen, so daß sie nichts mehr auf ihrem Tisch haben. Das ist eine notwendige Vorbereitung, weil die ganze Klasse diesen *Willen zum Schweigen* haben muß, und eben dies erfordert immer die *Übereinstimmung,* damit es geschehen kann. Man muß sich vorbereiten. *Jede feierliche Sache muß vorbereitet werden!* Es ist der Mühe wert, dieser Empfindung wegen einige

Anstrengungen zu unternehmen, wie etwa, alles in Ordnung zu bringen; und diesmal besteht diese Anstrengung darin, *alles ‚leer' zu machen*: das ist das erste. Das zweite bezieht sich auf die Person selbst. Man muß *einen so bequemen Platz einnehmen*, daß man sich sozusagen ganz wohl fühlt; ja, wie ich mich jetzt so fühle, daß ich es vermag, mich nicht zu bewegen. Eine bequeme Stellung. Wenn man nun diese bequeme Stellung gefunden hat und *man auf jede Aktivität verzichtet*, kann man suchen, vollkommen diese Unbeweglichkeit zu erreichen, nicht zu lachen, nicht zu sprechen. Und während ich das machte, betrachtete ich die Kinder, und ich sagte zu einem: ‚Man darf nicht lachen.' Und zu einem anderen: ‚Man muß die Füße ganz still halten!' usw. Und wie Sie sehen, ist dies par excellence die *Lektion einer kollektiven Übung*, weil man nicht die Stille einer Menge erreichen kann, wenn in dieser Menge nicht alle die einzelnen *gewillt sind*, dies für einen Augenblick zu tun. Und danach ist diese Lektion zu Ende (Man führt die Schweigelektion mit allen zusammen aus!).

Man würde mehrere Male wieder beginnen können, vielleicht erfordert das von jedem eine Anstrengung, ein *Einverständnis unter allen*, weil, wenn man nicht will, wenn man eine kleine Bewegung macht, die anderen nicht mehr diese Stille genießen können und man nicht mehr das Ticktack dieser kleinen Uhr hört usw. ... Es ist sehr wichtig, die Bedeutung dieser Schweigelektion zu verstehen. Wenn man sie wirklich gut macht, hört man die Geräusche, die nicht mehr von uns abhängen. Es gibt manchmal eine Fliege, und sie scheint den Lärm einer Hupe, einer Trompete zu machen. Ist das Schweigen derart, so wird es interessant; wenn es nicht so ist, findet es natürlich kein Interesse und keine erzieherische Wirkung.

Es ist dann ein wenig wie das Kommando der gewöhnlichen Lehrerin: ‚Ruhe!'

Nun, die Folgen dieses Schweigens sind sehr interessant, die Kinder werden höchst *sensibel für Geräusche*. Und das ist natürlich, denn wenn man nicht die Stille kennt, kann man nicht die verschiedenen Abstufungen des Geräusches einschätzen. Aber nun, in diesem Schweigen, wird man sensibler für die Geräusche. Sensibler werden – wissen Sie, was das bedeutet? Es bedeutet, daß die Geräusche *stärker* scheinen ...

Wenn ich leise auf den Tisch klopfe, hört man ein so starkes Geräusch wie von einem Faustschlag.

Wenn Sie die *Sensibilität für das Geräusch mit der Liebe zur Stille* zusammenbringen, werden Sie genau das sehen, was alle sagen, daß mit dieser Übung die Schule disziplinierter wird und ruhiger. Und alles, was Sie machen, indem Sie dem Kind sagen, z. B. den Stuhl auf die Erde setzen, *ohne Geräusch zu verursachen*, gewinnt eine sehr klare Bedeutung. Dann werden Sie sehen, daß die Kinder eine äußerste Feinfühligkeit zeigen, irgend etwas ohne Geräusch auf die Erde zu stellen, eine Feinfühligkeit, die uns Erwachsenen einen schönen Anblick bietet, weil sie dies wirklich ohne jedes Geräusch zu vollführen suchen und mit genau dieser Geräuschsensibilität.

Und Sie werden gut verstehen, daß sich, wenn man die Übung ernsthaft betreibt, als Folge eine Verfeinerung ergibt, und nur daraufhin! Zum Beispiel beginnt uns das Gehen, so wie es jedermann tut, zu mißfallen wegen des starken Geräusches; Gegenstände hinzustellen, wie man es gewöhnlich tut, macht seitdem einen schlimmen Lärm! *Man befindet sich fast in einer verfeinerten, subtileren Welt.* Und – erlauben Sie mir das Wort – all das kommt *spontan*, diese Vervollkommnung ist eine Art *höherer Disziplin*, die Sie niemals durch einen Befehl erreichen könnten! Aber dies kann natürlich nicht eintreten, wenn Sie nicht die Lektion der Stille durchführen und nicht verstehen, daß diese Lektion der Stille die *Zustimmung* eines jeden erfordert, jedes einzelnen, und daß sie erfordert, daß Sie sie *lehren*, weil man sie niemals so würde herausfinden können. Und auch, wenn die Übung beim erstenmal, wenn Sie sie durchführen, nicht zur Vollkommenheit gerät, müssen Sie sich sagen: Das ist, weil dies nicht gemacht wurde, ich habe nicht auf jenes geachtet usw., es ist, weil irgendeiner sich bewegt hat, weil jener andere etwas hat fallen lassen, weil dieser da ein bißchen die Füße versetzt hat,

weil jener dort nicht in einer bequemen Stellung war. All das muß man den Kindern sagen, man muß erreichen, daß dies *interessiert*. Jedoch sage ich Ihnen, daß ich einmal in einer Schule zweihundert Kinder verschiedener Klassen gesehen habe, aber die Lehrerinnen hatten sich abgesprochen, den Versuch zu machen, zur gleichen Zeit das Schweigen mit allen zweihundert Kindern zu halten. Und die Stille war dann wirklich absolut, als ob niemand zugegen gewesen sei. Aber dazu mußte jede Lehrerin praktische Erfahrung besessen haben und jede Klasse schon eine Vorbereitung gehabt und dies durchgeführt haben. Jede Lehrerin war in Kommunikation mit den Kindern der eigenen Klasse, sie hatte diese Stille zu genießen gelehrt. Und dann kann man diesen Versuch machen."
(Aus: Maria Montessori, Spannungsfeld Kind – Gesellschaft – Welt, S. 66ff.)

Wer sich in irgendeiner Weise je mit der Pädagogik Maria Montessoris befaßt hat, ist den Übungen oder Lektionen der Stille begegnet. Viele Erzieherinnen der schon älteren Generation haben Übungen der Stille – ohne daß dabei auf Montessori verwiesen wurde – in der Ausbildung durchgenommen und vielleicht sogar eine Lehrprobe oder Lehreinheit zu diesem Thema abhalten müssen.

Stille zu erreichen kann aber meines Erachtens nicht als Lehr- und Lernprogramm gesehen werden. Maria Montessori beschreibt den Prozeß auf dem Weg zur Stille sehr anschaulich und verweist gleichzeitig darauf, daß es eben nicht auf Anhieb klappt. Das Kind braucht sehr viele innere Konzentration, schlüpft sozusagen in sich hinein, um dann aber gleichzeitig wieder offen zu werden für die feinsten Geräusche in seiner Umwelt.

Das für mich beeindruckendste Erlebnis der Stille war bei einer nächtlichen Opernaufführung in der Arena in Verona. Am Eingang hatte jeder Besucher eine dünne kleine Kerze erhalten. Als alle auf ihren Plätzen auf den Stufen saßen, ertönte ein Gongschlag, und das Licht ging aus. Alle Zuschauer zündeten auf dieses Signal hin ihre Kerze an. Es schien, als ob mit dem Abschalten des elektrischen Lichtes auch all die Geräusche von Tausenden von Menschen „weggenommen" worden wären. Die Arena war gefüllt von Spannung, und die Stille hatte sich ausgeweitet. Nach wenigen Minuten konnte man die Geräusche draußen auf der Straße wahrnehmen, Stimmen, das Hupen eines Autos ... Immer differenzierter drangen auch entferntere Geräusche ans Ohr ... Ein ungewöhnliches Erlebnis der Stille!

Sollte Stille ein seltenes Erlebnis bleiben? Ließen sich nach den Anregungen Maria Montessoris Lektionen der Stille nicht auch im familiären Rahmen ebenso wie in Kindertageseinrichtungen einführen? Es wäre sicher einen Versuch wert. Es würde auch mehr Ruhe in den Alltag bringen und uns Distanz zur Hektik und zum Lärm des Alltags finden lassen.

Viele Erwachsene reagieren auf laute Kinder mit noch größerer Lautstärke. Oft sogar versuchen sie sich gegenseitig zu überschreien. Versuchen wir lieber, auf ein lautes Kind im Flüsterton zu reagieren. Es wirkt. Ich habe gute Erfahrungen damit gemacht.

3.25 Gebote für die Erzieher des jungen Kindes im „Kinderhaus"

„Was sollen die Lehrer, die zur Läuterung des Dienstes am sich entwickelnden Leben bereit sind, dort ‚aktiv' tun, wo für die Kinder eine ihnen angemessene Umgebung geschaffen worden ist?

1. Die Lehrer haben zunächst eine Pflicht materieller Ordnung: minuziös die Umgebung zu pflegen, so daß sie sich sauber, glänzend, geordnet darstellt; die Folgen der Abnutzung durch den Gebrauch beheben, ausflicken, neu bemalen oder auch für anziehenden Schmuck sorgen.
   ‚Wie es ein treuer Diener tut, der das Haus in Erwartung seines Herrn bereitet.'

2. Der Lehrer muß den Gebrauch der Dinge lehren, ausführend zeigen, wie sich die Übungen des praktischen Lebens vollziehen: und dies mit Anmut und Genauigkeit, damit alles in der Umgebung Befindliche von dem benutzt werden kann, der es wählt.
3. Der Lehrer ist ‚aktiv', wenn er das Kind mit der Umgebung in Beziehung bringt: Er ist ‚passiv', wenn diese Beziehung erfolgt ist.
4. Er muß die Kinder beobachten, damit ihre Kraft sich nicht vergebens verflüchtigt, wenn eines verborgene Geräusche sucht oder eines der Hilfe bedarf.
5. Er muß herbeieilen, wohin er gerufen wird.
6. Er muß zuhören und antworten, wenn er dazu eingeladen wird.
7. Er muß das Kind, das arbeitet, respektieren, ohne es zu unterbrechen.
8. Er muß das Kind, das Fehler macht, respektieren, ohne es zu korrigieren.
9. Er muß das Kind respektieren, das sich ausruht und das den anderen bei der Arbeit zusieht, ohne es zu stören, ohne es anzurufen, ohne es zur Arbeit zu zwingen.
10. Er muß aber unermüdlich versuchen, *demjenigen* Kind Gegenstände anzubieten, das sie schon einmal abgelehnt hat; *das* zu unterweisen, das noch nicht verstanden hat und Fehler macht. Und dies, indem er die Umgebung mit seinem Sorgen belebt, mit seinem bedachten Schweigen, mit seinem sanften Wort, mit der Gegenwart jemandes, der liebt.
11. Der Lehrer muß seine Gegenwart das Kind spüren lassen, das sucht; sich verbergen dem, das gefunden hat.
12. Der Lehrer erscheint dem Kind, das seine Arbeit vollendet und frei seine eigene Kraft erschöpft hat, und bietet ihm schweigend seine Seele an wie einen geistigen Gegenstand."

(Aus: Maria Montessori, Spannungsfeld Kind – Gesellschaft – Welt, S. 88ff.)

1933 formulierte Maria Montessori bei einem Vortrag in Barcelona die Gebote für den Erzieher des jungen Kindes im „Kinderhaus". Kinderhaus steht dabei ebenso wie der oft von Maria Montessori verwendete Begriff Schule ebenfalls für den Kindergarten. Die hier zitierten zwölf Gebote haben aber auch für Mütter und Väter Gültigkeit, und so kann das Wort Lehrer ohne weiteres auch durch Mutter/Vater ersetzt werden. Über jedes der Gebote lohnt es sich, nachzudenken und nach Anwendungs- und Übertragungsmöglichkeiten in unserer heutigen Zeit zu suchen.

Da ist einmal die materielle Ordnung. Wie häufig verlangen wir vom Kind eine Ordnung, die wir selbst nicht einhalten. Jedes Ding muß seinen Platz haben. Dann findet das Kind sich zurecht und lernt bzw. weiß auf Ordnung zu halten. Ich erinnere mich an einen Besuch in einem Kindergarten. Das Freispiel ist eben zu Ende, und die Kinder haben viel Spielmaterial kreuz und quer im Zimmer verteilt. Der Boden ist übersät mit Klötzen und Teilen von Puzzles. Die Erzieherin steht inmitten des Raumes und fegt alles mit einem großen Besen auf einen Fleck zusammen. Mit ihrer autoritären Stimme ordnet sie an, daß nun alles aussortiert werden müßte. Entschuldigend sagt sie zu mir, daß täglich ein solches Chaos herrschen würde und sie sich eigentlich nicht mehr zu helfen wüßte. Die Kinder seien heutzutage einfach schrecklich.

Es wird vieler Schritte bedürfen, bis sie die Kinder zur Ordnung führen wird.

Im zweiten Gebot heißt es, daß der Lehrer den Gebrauch der Dinge ausführlich zeigen muß. Indem der Lehrer handelt, sieht das Kind, wie man in rechter Weise mit den Dingen umgeht. Dies gilt für alle Materialien und auch für die Übungen des täglichen Lebens. Der Erzieher putzt ein Paar Schuhe: bürstet sie zuerst ab, cremt sie ein, poliert sie. Das Kind kann so die Arbeitsgänge verfolgen. Es wird es ihm nachtun und dabei aber seine eigenen Erfahrungen machen. Die Creme macht das Leder matt, und dann kann man nach dem Polieren sich wieder darin spiegeln. Das Kind wird den Vorgang viele Male wiederholen. Wir Erwachsenen können das nur schwer begreifen. Schuhe putzt man, wenn sie schmutzig sind. Dann sind die Schuhe geputzt. Warum also „ohne Grund" die Arbeit ständig wiederholen?

Kaum vorstellbar, daß ein Kind Freude an der Aktivität des Schuheputzens hat. Aber der Erwachsene irrt sich!

Die Worte „aktiv" und „passiv" spielen bei Maria Montessori eine wichtige Rolle. Der Lehrer ist aktiv und versucht das Kind mit der Umgebung in Beziehung zu bringen. Wenn das Kind dann z. B. Materialien aufgreift, muß er sich zurücknehmen und passiv werden (aber aktiv beobachten!).

Nur dann kann er wahrnehmen, wenn das Kind nach seiner Hilfe verlangt, und muß bereit sein, wenn das Kind ihn ruft: „Hilf mir, es selbst zu tun!"

Er darf nicht auf das Kind einreden, sondern muß zuhören und antworten auf das, was das Kind fragt. Lassen Sie einmal ein Tonband laufen, wenn Sie mit einem Kind sprechen. Sie werden merken, wieviel unnützes Zeug Sie dem Kind erzählen. Sie wundern sich dann nicht mehr, daß es sich nicht dafür interessiert. Es hat eine einfache Frage gestellt und bekommt eine Antwort auf ein Vielfaches an (nicht gestellten) Fragen. Es fällt den Erwachsenen oft schwer, die Aktivität eines Kindes als Arbeit zu akzeptieren, ernst zu nehmen. Das Kind darf nicht einfach willkürlich unterbrochen werden. Ebenso müssen wir aber auch akzeptieren, wenn ein Kind nichts tut, sich ausruht, vielleicht nur zuschaut oder auch vor sich hinträumt. Das Kind braucht Pausen, um neue Kräfte zu sammeln oder sich für eine neue andere Tätigkeit zu entscheiden. Gerade im Kleinkindalter braucht das Kind Freiräume für diese eigenen Entscheidungen. Wenn wir es zu einer Arbeit zwingen, regen wir damit gerade nicht sein kreatives Tun oder gar schöpferisches Lernen an.

Die Gebote, die Maria Montessori aufgestellt hat, können uns alle durch den Erziehungsalltag begleiten. Sic geben uns wichtige Hinweise für unser Erziehungsverhalten.

Gedanken zum Schluß

Fünfundzwanzig Textauszüge aus Veröffentlichungen Maria Montessoris bzw. Niederschriften ihrer Vorträge haben Sie nun gelesen. Jedes der Kapitel steht für sich. Vielleicht haben Sie die Reihenfolge ausgetauscht, weil Sie ein späteres Kapitel mehr gelockt hat – kein Problem! Jede Reihenfolge ist richtig. Sie haben sicher gemerkt, daß die Grundgedanken Maria Montessoris sich wiederholen, sich wie ein roter Faden durch ihre Texte ziehen. Wie soll man dies werten? Der zeitliche Unterschied zwischen manchen Texten beträgt mehrere Jahrzehnte. Hat Maria Montessori also mit ihren Wiederholungen immer wieder erneut auf die Situation des Kindes hinweisen wollen, weil sie gemerkt hat, wie wenig die Erwachsenenwelt und die Gesellschaft auf kindliche Bedürfnisse Rücksicht nimmt?

Maria Montessori zählt zu den Reformpädagogen, die ganz bewußt auf die Bedürfnisse von Kinden aufmerksam machen wollten, die der Welt klarmachen wollte, daß die frühe Kindheit für die menschliche Entwicklung der wichtigste Zeitraum ist, daß Versäumnisse in dieser Zeit nicht mehr aufgeholt werden können. Mit diesem Ansatz ist sie so aktuell wie zu Beginn dieses Jahrhunderts.

Viele Eltern sagen heute mit Stolz, daß es die Kinder besser haben, Kinder sollen alles haben. Trotz materiellem Reichtum sind viele unserer Kinder heute ärmer als je zuvor. Materiell geht es uns allen gut. Die Kinderzimmer quellen über, die Fernsehsender haben das Kind als einen wesentlichen Benutzer erkannt, das Bildungswesen wurde ausgebaut, der Weg zu den verschiedensten beruflichen und wissenschaftlichen Qualifikationen ist offen. Die Kindheit aber ist ärmer geworden.

Eltern haben immer weniger Zeit für ihre Kinder, der Alltag wird geprägt durch Hektik und Streß. Erwachsene sind immer mehr versucht, sich durch Geschenke und Geld „freizukaufen“ und Kinder in Betreuungseinrichtungen „wegzuorganisieren“.

Den neuen Lehrer (Vater, Mutter, Erzieher) im Sinne Maria Montessoris, der den Kindern die notwendigen Entwicklungschancen in einer vorbereiteten Umgebung anbietet und somit wesentliche Grundlagen für eine glückliche Kindheit schafft, gibt es noch lange nicht. Aber das Jahrhundert des Kindes ist noch nicht zu Ende. Ob sich bis zum Jahr 2000 noch viel ändern wird?

Wenn Sie Interesse und Geschmack an den pädagogischen Ideen und Gedanken Maria Montessoris gefunden haben, so sollten Sie zu einer ihrer vielen Veröffentlichungen greifen und sich hineinvertiefen. Ihre Aufsätze lesen sich spannend, geben viele Anregungen für den Erziehungsalltag und lassen uns nie die Realität, die Bedürfnisse unserer Kinder, vergessen.

„Die größte Hilfe, die Sie Ihren Kindern geben können, ist Freiheit, ihre eigene Arbeit in ihrer eigenen Weise anzupakken, denn in dieser Materie kennt sich Ihr Kind besser aus als Sie ... Haben Sie jemals Ihren Kindern auch nur an einem Tag die Chance gegeben zu tun, was sie möchten, ohne daß Sie sich einmischten? Versuchen Sie es, und Sie werden erstaunt sein!“ (Maria Montessori).

Literatur und Quellen

1. Maria Montessori, Spannungsfeld Kind – Gesellschaft – Welt. Auf dem Wege zu einer kosmischen Erziehung. Aus nachgelassenen Texten herausgegeben von Günter Schulz-Benesch, Verlag Herder, Freiburg im Breisgau 1979.
2. Maria Montessori – Texte und Diskussion, herausgegeben von Winfried Böhm, Klinkhardts pädagogische Quellentexte, Bad Heilbrunn/Oberbayern 1971.
3. Maria Montessori, „Die Entdeckung des Kindes", herausgegeben und eingeleitet von Paul Oswald und Günter Schulz-Benesch, Verlag Herder, Freiburg i. Br. 1969.
4. Helene Helming, Montessori-Pädagogik, Verlag Herder, Freiburg i. Br. 1977.
5. Maria Montessori, Das kreative Kind, Verlag Herder, Freiburg i. Br. 1972.
6. Grundgedanken der Montessori-Pädagogik, zusammengestellt von Paul Oswald und Günter Schulz-Bensch, Verlag Herder, Freiburg i. Br. 1967.
7. Paul Oswald/Günter Schulz-Benesch, (Hrsg.), Montessori für Eltern, Ravensburger Elternbücher, Otto-Maier-Verlag, Ravensburg 1974.
8. R. C. Oren, Montessori heute, Otto-Maier-Verlag, Ravensburg 1975
9. Maria Montessori, Erziehung zum Menschen, Kindler-Verlag, München 1977.
10. Maria Montessori, Kinder sind anders. Il segreto dell'infanza. Bearb. von Helene Helming. Aus d. Ital. von Percy Eckstein/Ulrich Weber. © Klett-Cotta, Stuttgart, 12. Aufl. 1988.

Maria Montessori bei Herder spektrum

Maria Montessori
Kinder, Sonne, Mond und Sterne
Kosmische Erziehung
Herausgegeben von Ingeborg Becker-Textor
Band 4781

Wie Kinder Verständnis für die Ganzheit der Welt entwickeln können, zeigen die Texte der großen Pädagogin.

Maria Montessori
Kinder richtig motivieren
Herausgegeben von Ingeborg Becker-Textor
Band 4749

Wie Sie Kindern die richtigen Impulse geben, damit dann alles wie von selbst geht, das zeigen diese Texte der großen Pädagogin.

Maria Montessori
Wie Lernen Freude macht
Kreativ mit Montessori-Materialien umgehen
Herausgegeben von Ingeborg Becker-Textor
Band 4707

Kindern die Freude am Lernen spielerisch vermitteln. Mit vielen Tipps.

Maria Montessori
Wie Kinder zu Konzentration und Stille finden
Hrsg. von Ingeborg Becker-Textor
Band 4597

Elementar, tief und praktisch: Übungen, die Kindern helfen, sich zu konzentrieren und die positive Wirkung der Stille zu erleben.

Maria Montessori
Lernen ohne Druck
Schöpferisches Lernen in Familie und Schule
Band 4371

Ein Buch, das zeigt, wie Kinder selbst entscheiden und gut vorankommen können.

Walter Pacher
Wenn Kinder ihre Macht erproben
Freiheit lassen und Grenzen setzen
Band 4793

Machtkämpfe in der Familie müssen nicht sein. Der erfahrene Gordon-Trainer zeigt, wie es ohne Niederlagen geht, wenn Kinder und Eltern unterschiedliche Vorstellungen, Wünsche und Bedürfnisse haben.

Dorothy Law Nolte/Rachel Harris
Heute schon dein Kind gelobt?
19 gute Regeln für Eltern
Band 4790

Kinder lernen, was sie erleben und erfahren. Mit positiven Signalen geben Eltern ihren Kindern Ermutigung, Selbstvertrauen und klare Orientierung.

Gisela Preuschoff
Was Mutter und Kind gut tut
Entspannen und verwöhnen
Band 4784

Einfach das Zusammensein genießen – mitten in der Alltagsroutine und im Familientrubel. Mal nicht „erziehen", sondern es sich gemeinsam so richtig gutgehen lassen ...

Theo u. Julitta Schoenacker
Die Kunst, als Familie zu leben
Ein Erziehungsratgeber nach Rudolf Dreikurs
Band 4782

Kinder sind von klein an ernstzunehmende soziale Wesen. Wie man diese Anlagen entdeckt und eine entspannte Beziehung aufbaut, zeigt dieses Buch.

Hans Janssen
Kinder brauchen Klarheit
Wie Eltern Regeln finden und Grenzen setzen
Band 4699

Alltägliche und immer wiederkehrende Konflikte so lösen, daß keiner dabei zu kurz kommt. Ein hilfreiches Buch für ein harmonisches Familienleben.

HERDER spektrum

Janusz Korczak
Kinder achten und lieben
Hrsg. von Annelie Ölschläger
Band 4666

Was Kinder wirklich brauchen, und wie Erwachsene gemeinsam mit Kindern das Leben gestalten können. Ein Buch voll überraschender Einsichten.

Theo Schoenaker/Britta Seeler-Kreimeyer (Hrsg.)
Die Antwortfee und andere Ermutigungsgeschichten
Märchen und Geschichten nach Rudolf Dreikurs
Band 4647

Kinder brauchen oft nur eine kleine Ermutigung, um sich neuen Aufgaben zu stellen oder Probleme zu lösen. Geschichten, die Kindern Mut und Vertrauen in die eigenen Fähigkeiten schenken.

Michael Rohr
Freiheit lassen – Grenzen setzen
Wie Eltern Sicherheit gewinnen und ihren Kindern Halt geben
Band 4618

Der kompetente Kinderarzt ermutigt Eltern, mit den Kindern zusammen das sensible Gleichgewicht zwischen Freiheit und Begrenzung immer wieder neu zu finden.

Walter Pacher
Wenn Kinder keine Grenzen kennen
Konflikte lösen ohne Machtanwendung
Band 4494

Wie die Methode der Familienkonferenz erfolgreich sein kann, zeigt Walter Pacher mit vielen Beispielen und Übungen.

Walter Pacher
Wenn Kinder immer anders wollen
Mehr Sicherheit und Gelassenheit für Eltern
Band 4118

Zuckerbrot und Peitsche sind keine Wundermittel gegen kleine Querulanten! Mehr wirkt da schon ein klärendes Gespräch am runden Familientisch.